High Level
일본어 한자
200

【同形同義 四字漢字】

모세종 저

머리말

외국인 일본어 학습자들은 한자는 많이 공부하고 사용하지만, 사자성어 등의 한자 숙어는 그다지 공부하는 일이 없다. 사자성어 등을 일상으로 사용하는 한국인도 일본어 학습에서는 잘 접하지 않아 일본인들의 사용 양상을 잘 모른다.

그런데, 드라마 등을 통해서 보면 한국과 마찬가지로 일상생활에서 고사성어 등의 사자한자를 많이 사용하고 있어 놀랄 때가 많다. 일본인들의 실제 사용장면을 경험하고 나서 같은 한자문화권에 속해 있는 한일 간에 한자어사용의 공통점을 느끼게 된다.

문제는 한일 양국 간 한자어사용이 같지만은 않다는 점에 있다. 사용하지 않는 것으로 알았는데 똑같이 사용하는 단어도 많지만, 때로는 사용상에 차이를 보이는 단어도 있어, 한국어에서와 같은 방식으로 무작정 사용해서는 오류를 범할 수 있다.

본서는 일본어를 잘 구사하는 일반인이나 일본어를 교육 또는 연구하는 자들에 이르기까지 그간 일본인들이 일상생활에서 사용하고 있지만, 그 상황을 잘 몰랐던 일본어 사자한자 중에서 먼저 한일 간에 같은 형태의 같은 의미를 나타내는 단어를 대상으로 했다. 일본어 의미와 한국어 의미를 각각의 언어로 제시하고 용법과 사용례를 더하여 구성했다.

본서는 단순한 지식으로서의 한자어가 아니라 단어의 실사용이라는 실용성을 목표로 하고 있어, 각 단어를 어떤 장면에서 어떤 의미로 사용하고 있는지를 알 수 있도록, 인터넷이나 문헌에서 적절한 사용례를 찾아 제시했다. 즉 일상에서 일본어 한자의 중요 성구들을 자연스럽게 이해하고 구사할 수 있도록 했다.

본서를 통하여 한국어 일본어 학습자들이 일본의 교양인들과 동등하게 일본어 한자어를 구사할 수 있기를 기대하며, 계속하여 한자에 관한 저서를 출간해 가고자 한다.

2025. 8. 1
연구실에서 모세종

목 차

001	갑론을박	甲論乙駁	9		023	단도직입	単刀直入	31
002	강박관념	強迫観念	10		024	대기만성	大器晩成	32
003	건곤일척	乾坤一擲	11		025	대동단결	大同団結	33
004	견강부회	牽強付会	12		026	대동소이	大同小異	34
005	경천동지	驚天動地	13		027	동분서주	東奔西走	35
006	고군분투	孤軍奮闘	14		028	동상이몽	同床異夢	36
007	고립무원	孤立無援	15		029	마이동풍	馬耳東風	37
008	공리공론	空理空論	16		030	만신창이	満身創痍	38
009	공명정대	公明正大	17		031	망연자실	茫然自失	39
010	공존공영	共存共栄	18		032	맹모삼천	孟母三遷	40
011	공평무사	公平無私	19		033	명경지수	明鏡止水	41
012	교언영색	巧言令色	20		034	무릉도원	武陵桃源	42
013	군웅할거	群雄割拠	21		035	무미건조	無味乾燥	43
014	권모술수	権謀術数	22		036	무위도식	無為徒食	44
015	권선징악	勧善懲悪	23		037	무지몽매	無知蒙昧	45
016	권토중래	捲土重来	24		038	물물교환	物々交換	46
017	금과옥조	金科玉条	25		039	물심양면	物心両面	47
018	기사회생	起死回生	26		040	미사여구	美辞麗句	48
019	기상천외	奇想天外	27		041	반신반의	半信半疑	49
020	길흉화복	吉凶禍福	28		042	방약무인	傍若無人	50
021	난공불락	難攻不落	29		043	백발백중	百発百中	51
022	다사다난	多事多難	30		044	본말전도	本末転倒	52

번호	한글	한자	페이지
045	부국강병	富国強兵	53
046	부화뇌동	不和雷同	54
047	분골쇄신	粉骨砕身	55
048	불가항력	不可抗力	56
049	불구대천	不倶戴天	57
050	불로장생	不老長生	58
051	불요불굴	不撓不屈	59
052	불요불급	不要不急	60
053	불편부당	不偏不党	61
054	비방중상	誹謗中傷	62
055	비분강개	悲憤慷慨	63
056	사려분별	思慮分別	64
057	사리사욕	私利私欲	65
058	사면초가	四面楚歌	66
059	사방팔방	四方八方	67
060	사분오열	四分五裂	68
061	사사오입	四捨五入	69
062	사실무근	事実無根	70
063	삼라만상	森羅万象	71
064	삼삼오오	三々五々	72
065	삼위일체	三位一体	73
066	상호부조	相互扶助	74
067	생로병사	生老病死	75
068	생자필멸	生者必滅	76
069	선전포고	宣戦布告	77
070	성심성의	誠心誠意	78
071	성인군자	聖人君子	79
072	소강상태	小康状態	80
073	속전속결	速戦即決	81
074	수미일관	首尾一貫	82
075	시시각각	時々刻々	83
076	시시비비	是々非々	84
077	신변잡기	身辺雑記	85
078	신사협정	紳士協定	86
079	신상필벌	信賞必罰	87
080	신출귀몰	神出鬼没	88
081	심기일전	心機一転	89
082	심산유곡	深山幽谷	90
083	십자포화	十字砲火	91
084	십중팔구	十中八九	92
085	아비규환	阿鼻叫喚	93
086	아전인수	我田引水	94
087	악전고투	悪戦苦闘	95
088	암중모색	暗中模索	96
089	애매모호	曖昧模糊	97
090	약육강식	弱肉強食	98
091	양두구육	羊頭狗肉	99
092	언어도단	言語道断	100
093	엄호사격	掩護射撃	101
094	연전연승	連戦連勝	102
095	영고성쇠	榮枯盛衰	103
096	오리무중	五里霧中	104
097	오장육부	五臓六腑	105
098	온고지신	温故知新	106

099	와신상담	臥薪嘗胆 (がしんしょうたん)	107		126	인해전술	人海戦術 (じんかいせんじゅつ)	134
100	용두사미	竜頭蛇尾 (りゅうとうだび)	108		127	일거양득	一挙両得 (いっきょりょうとく)	135
101	용의주도	用意周到 (よういしゅうとう)	109		128	일망타진	一網打尽 (いちもうだじん)	136
102	우왕좌왕	右往左往 (うおうさおう)	110		129	일목요연	一目瞭然 (いちもくりょうぜん)	137
103	우유부단	優柔不断 (ゆうじゅうふだん)	111		130	일벌백계	一罰百戒 (いちばつひゃっかい)	138
104	욱일승천	旭日昇天 (きょくじつしょうてん)	112		131	일석이조	一石二鳥 (いっせきにちょう)	139
105	원교근공	遠交近攻 (えんこうきんこう)	113		132	일심동체	一心同体 (いっしんどうたい)	140
106	위기일발	危機一髪 (ききいっぱつ)	114		133	일언반구	一言半句 (いちごんはんく)	141
107	유명무실	有名無実 (ゆうめいむじつ)	115		134	일일천추	一日千秋 (いちじつせんしゅう)	142
108	유아독존	唯我独尊 (ゆいがどくそん)	116		135	일장일단	一長一短 (いっちょういったん)	143
109	유야무야	有耶無耶 (うやむや)	117		136	일제사격	一斉射撃 (いっせいしゃげき)	144
110	유언비어	流言飛語 (りゅうげんひご)	118		137	일진일퇴	一進一退 (いっしんいったい)	145
111	유유자적	悠々自適 (ゆうゆうじてき)	119		138	일촉즉발	一触即発 (いっしょくそくはつ)	146
112	유일무이	唯一無二 (ゆいいつむに)	120		139	일확천금	一攫千金 (いっかくせんきん)	147
113	은인자중	隠忍自重 (いんにんじちょう)	121		140	임기응변	臨機応変 (りんきおうへん)	148
114	의기소침	意気消沈 (いきしょうちん)	122		141	임의동행	任意同行 (にんいどうこう)	149
115	의기양양	意気揚々 (いきようよう)	123		142	입신출세	立身出世 (りっしんしゅっせ)	150
116	의기투합	意気投合 (いきとうごう)	124		143	자급자족	自給自足 (じきゅうじそく)	151
117	의미심장	意味深長 (いみしんちょう)	125		144	자기만족	自己満足 (じこまんぞく)	152
118	이심전심	以心伝心 (いしんでんしん)	126		145	자승자박	自縄自縛 (じじょうじばく)	153
119	이율배반	二律背反 (にりつはいはん)	127		146	자업자득	自業自得 (じごうじとく)	154
120	이인삼각	二人三脚 (ににんさんきゃく)	128		147	자연도태	自然淘汰 (しぜんとうた)	155
121	이중인격	二重人格 (にじゅうじんかく)	129		148	자유분방	自由奔放 (じゆうほんぽう)	156
122	이합집산	離合集散 (りごうしゅうさん)	130		149	자유자재	自由自在 (じゆうじざい)	157
123	인과응보	因果応報 (いんがおうほう)	131		150	자포자기	自暴自棄 (じぼうじき)	158
124	인면수심	人面獣心 (じんめんじゅうしん)	132		151	자화자찬	自画自賛 (じがじさん)	159
125	인사불성	人事不省 (じんじふせい)	133		152	재삼재사	再三再四 (さいさんさいし)	160

#	한국어	日本語	쪽	#	한국어	日本語	쪽
153	적자생존	適者生存	161	180	취사선택	取捨選択	188
154	적재적소	適材適所	162	181	칠전팔기	七転八起	189
155	전광석화	電光石火	163	182	침소봉대	針小棒大	190
156	전대미문	前代未聞	164	183	파란만장	波乱万丈	191
157	전도양양	前途洋々	165	184	평온무사	平穏無事	192
158	전도유망	前途有望	166	185	포복절도	抱腹絶倒	193
159	전인미답	前人未到	167	186	품행방정	品行方正	194
160	전전긍긍	戦々恐々	168	187	피해망상	被害妄想	195
161	전지전능	全知全能	169	188	태연자약	泰然自若	196
162	절차탁마	切磋琢磨	170	189	합종연횡	合従連衡	197
163	절체절명	絶体絶命	171	190	허심탄회	虚心坦懐	198
164	정정당당	正々堂々	172	191	호시탐탐	虎視眈々	199
165	제행무상	諸行無常	173	192	혼연일체	渾然一体	200
166	조령모개	朝令暮改	174	193	화기애애	和気藹々	201
167	조삼모사	朝三暮四	175	194	화룡점정	画竜点睛	202
168	종횡무진	縦横無尽	176	195	환골탈태	換骨奪胎	203
169	좌고우면	左顧右眄	177	196	황당무계	荒唐無稽	204
170	주객전도	主客転倒	178	197	후안무치	厚顔無恥	205
171	지리멸렬	支離滅裂	179	198	흥미진진	興味津々	206
172	징계면직	懲戒免職	180	199	희로애락	喜怒哀楽	207
173	천군만마	千軍万馬	181	200	희색만면	喜色満面	208
174	천재일우	千載一隅	182				
175	천지신명	天地神明	183				
176	천차만별	千差万別	184				
177	천편일률	千篇一律	185				
178	청렴결백	清廉潔白	186				
179	최후통첩	最後通牒	187				

001 갑론을박 [甲論乙駁]

意味
- 🇯🇵 甲が論じれば乙が反駁する意から、互いに論じ合い反対し合うばかりでなかなか意見が纏まらないこと
- 🇰🇷 갑이 논하면 을이 반박한다는 의미에서 좀처럼 의견이 모아지지 않는 것

用法 甲論乙駁는 '甲論乙駁が続く(갑론을박이 계속되다)', '甲論乙駁する(갑론을박하다)'처럼 명사나 동사(~する)로 사용된다.

例

❶ 敵艦にどこまで肉迫して魚雷を射てばよいか、甲論乙駁で果てしなかった。
적함에 어디까지 육박해 어뢰를 쏘면 좋을지 갑론을박으로 끝이 없었다.

❷ こういう言葉を単なる難易の比較だと見て、甲論乙駁するようでは論語は死ぬ。
이런 말을 단순한 난이의 비교라고 보고 갑론을박해서는 논어는 죽는다.

❸ 午後一時から開かれた閣議では主として終戦の詔勅についての甲論乙駁が繰り返された。
오후 1시부터 열린 각의에서는 주로 종전 조칙에 대한 갑론을박이 거듭되었다.

002 〉〉〉〉 강박관념　　　[強迫観念]　□□□□

意味
- 🇯🇵 考えまいとしても強く心にまとわりついて離れない不安
- 🇰🇷 생각하지 않으려고 해도 강하게 마음에 들러붙어 떨어지지 않는 불안

用法 強迫観念은 '強迫観念がある(강박관념이 있다)', '強迫観念に捕われる(강박관념에 사로잡히다)'처럼 명사로 사용된다.

例

❶ 結婚の二文字の強迫観念から解放されたら、もっと気持ちがいいだろう。
결혼 두 글자의 강박관념에서 해방되면 더욱 기분이 좋을 것이다.

❷ 彼は自分の強迫観念と闘う覚悟をしていたが、それは必死の苦闘だった。
그는 자신의 강박관념과 싸울 각오를 하고 있었지만, 그것은 필사의 고투였다.

❸ 寝ても起きても周辺の全てのものが敵ではないかとの強迫観念に捕われていた。
자도 깨어있어도 주변의 모든 것이 적이 아닌가 하는 강박관념에 사로잡혀 있었다.

003 >>> 건곤일척　　　[乾坤一擲] □□□□
けんこんいってき

意味
🇯🇵 天下をかけて賽を振る意から、運命をかけて大勝負をすること

🇰🇷 천하를 걸고 주사위를 던진다는 의미에서 운명을 걸고 큰 승부를 함

用法 乾坤一擲는 '乾坤一擲の勝負・決戦(건곤일척의 승부・결전)'처럼 명사로 사용된다.

例

❶ 警察署でも、いわば乾坤一擲の大勝負をするつもりで取りかかった。
경찰서에서도 말하자면 건곤일척의 대승부를 할 셈으로 착수했다.

❷ その不安を押しつぶすために乾坤一擲の勝負に出たのが惨敗に終わった。
그 불안을 눌러 없애기 위해 건곤일척의 승부로 나온 것이 참패로 끝났다.

❸ ともかく政府軍は乾坤一擲の決戦に敗れ、これ以後は守勢に回ることになる。
어쨌든 정부군은 건곤일척의 결전에 패해, 그 이후는 수세에 변하게 된다.

004 ≫ 견강부회　　　　　　　[牽強付会] □□□□

意味
- 🇯🇵 自分の都合のよいように理屈をこじつけること
- 🇰🇷 자기 형편에 들어맞도록 이유를 둘러댐

用法 牽強付会는 '牽強付会に見える(견강부회로 보이다)', '牽強付会な解釈(견강부회한 해석)'처럼 명사나 형용동사로 사용된다.

例

❶ こういう主張はかなり乱暴にも見えるし、また牽強付会にも見えよう。
이런 주장은 꽤 난폭하게도 보이고 또한 견강부회로도 보일 것이다.

❷ 要するに、牽強付会な解釈で関係性を見出すのはたやすいということである。
요컨대 견강부회한 해석으로 관계성을 찾는 것은 쉽다는 것이다.

❸ 放火犯が消防分署の管轄を意識しているだなんて、ちょっと牽強付会に思えた。
방화범이 소방분서 관할을 의식하고 있다라니, 다소 견강부회로 생각되었다.

005 »»» 경천동지　　　　　　　　　　　　[驚天動地(きょうてんどうち)] □□□□

意味
- 🇯 天(てん)を驚(おどろ)かし地(ち)を動(うご)かす意(い)から世間(せけん)をひどく驚(おどろ)かせること
- 🇰 하늘을 놀라게 하고 땅을 움직인다는 의미에서 세상을 몹시 놀라게 함

用法 驚天動地(きょうてんどうち)는 '驚天動地(きょうてんどうち)の事態(じたい)・事件(じけん)(경천동지할 사태・사건)'처럼 명사로 사용된다.

例

❶ 冷静(れいせい)に考(かんが)えてみると、これは驚天動地(きょうてんどうち)の事態(じたい)なのだった。
냉정하게 생각해 보면 이것은 경천동지할 사태였다.

❷ 発見(はっけん)はそれだけでも人々(ひとびと)をあっと言(い)わせる驚天動地(きょうてんどうち)の事件(じけん)であった。
발견은 그것만으로도 사람들을 앗 하게 할 경천동지의 사건이었다.

❸ これは実(じつ)に私(わたし)にとっては、まるで予期(よき)しなかった驚天動地(きょうてんどうち)の大事件(だいじけん)であった。
이것은 실로 나에 있어서는 전혀 예기치 못한 경천동지의 대사건이었다.

006 >>>> 고군분투 [孤軍奮闘] こぐんふんとう □□□□

意味
- 🇯🇵 助ける者もなくただ一人で懸命に努力すること
- 🇰🇷 돕는 자도 없이 오직 혼자서 열심히 노력함

用法 孤軍奮闘는 '孤軍奮闘の活躍(고군분투의 활약)', '孤軍奮闘する(고군분투하다)' 처럼 명사나 동사(~する)로 사용된다.

例

❶ 彼は貧打に苦しむチームの中で一人で孤軍奮闘の活躍を見せた。
그는 빈타에 괴로워하는 팀 안에서 홀로 고군분투의 활약을 보였다.

❷ まさに孤軍奮闘の状況下で彼は驚異的な粘り強さと熱意を持って、説得を続けた。
그야말로 고군분투의 상황하에서 그는 경이로운 끈기와 열의를 가지고 설득을 계속했다.

❸ あんな素晴らしい戦艦は見たことがないし、一機の掩護機もない孤軍奮闘ぶりも実に見事だった。
그런 멋진 전함은 본 적이 없고, 엄호기도 한 대 없이 고군분투하는 모습도 정말 훌륭했다.

007 >>> 고립무원 [孤立無援] こりつむえん ☐☐☐☐

意味
- 🇯🇵 頼るものがなく、一人ぼっちで助けのないさま
- 🇰🇷 의지할 자가 없이 외톨이로 도움이 없는 모습

用法 孤立無援은 '孤立無援の状況・立場(고립무원의 상황·처지)', '孤立無援だ/である(고립무원이다)'처럼 명사로 사용된다.

例

❶ 戦場、それも孤立無援の敵地であれば、食糧も水も装備も不足する。
전쟁터, 그것도 고립무원의 적지라면 식량도 물도 장비도 부족하다.

❷ そのため、男性は孤立無援の状態で警察の取調べを受けることとなった。
그 때문에 남성은 고립무원의 상태에서 경찰 조사를 받게 됐다.

❸ 心は荒み、肉親には見捨てられ、まったくの孤立無援の生き地獄に陥る。
마음은 거칠어지고 육친에게는 버림받고 완전 고립무원의 생지옥에 빠진다.

008 >>>> 공리공론 [空理空論(くうりくうろん)] ☐☐☐☐

[意味]
- ㊐ 実際(じっさい)からかけ離(はな)れている役(やく)に立(た)たない考(かんが)えや理論(りろん)
- ㊭ 실제로부터 동떨어져 있는 도움이 되지 않는 사고나 이론

[用法] 空理空論(くうりくうろん)은 '空理空論(くうりくうろん)である(공리공론이다)', '空理空論(くうりくうろん)に等(ひと)しい(공리공론과 같다)'처럼 명사로 사용된다.

[例]

❶ 政党(せいとう)の仕事(しごと)は主(おも)に議会(ぎかい)の掛引(かけひき)で空理空論(くうりくうろん)よりも実際問題(じっさいもんだい)を処置(しょち)しなければならない。
정당은 주로 의회 교섭으로 공리공론보다도 실제 문제를 처리해야 하는 일이다.

❷ ただ道徳的説教(どうとくてきせっきょう)や空理空論(くうりくうろん)ではなく、実際戦争(じっさいせんそう)をやった人間(にんげん)の手柄話(てがらばなし)なので、聞(き)いていて面白(おもしろ)く、かつ人(ひと)を納得(なっとく)させた。
단지 도덕적 설교나 공리공론이 아니라 실제 전쟁을 수행한 인간의 공적 이야기여서 듣고 있자 재미있고 또한 사람을 납득시켰다.

❸ どんな高尚(こうしょう)な文学理論(ぶんがくりろん)が提唱(ていしょう)されたところで、人(ひと)を感動(かんどう)させる作品(さくひん)が書(か)かれなければその文学理論(ぶんがくりろん)は空理空論(くうりくうろん)に等(ひと)しい。
어떤 고상한 문학 이론이 제창된들 사람을 감동시키는 작품이 쓰여지지 않으면 그 문학 이론은 공리공론과 같다.

009 공명정대 [公明正大 こうめいせいだい]

[意味]
- 🇯🇵 公平でやましいところがなく、堂々としていること
- 🇰🇷 공평하여 양심의 가책을 느낄 일이 없고 당당함

[用法] 公明正大는 '公明正大である(공명정대하다)', '公明正大な仕事(공명정대한 일)'처럼 명사나 형용동사로 사용된다.

[例]

❶ 従業員に対して公明正大で、彼らに与えるべきだと信じるものを与える。
종업원에대해 공명정대하고, 그들에게 주어야 한다고 믿는 것을 준다.

これまでのところじゃ、全てが公明正大に行われているとしか見えない。
지금까지는 모든 것이 공명정대하게 이뤄지고 있다고밖에 볼 수 없다.

❷ 彼の事務所は申し分なく公明正大な仕事でなければ、決して手を出さない。
그의 사무실은 더할 나위 없이 공명정대한 일이 아니면 결코 손을 대지 않는다.

❸ 公明正大で高い識見の言論は、政治や思想、文芸など多方面に影響を与えた。
공명정대하고 높은 식견의 언론은 정치나 사상, 문예 등 다방면에 영향을 미쳤다.

010 >>> 공존공영 [共存共栄] きょうそんきょうえい ☐☐☐☐

意味
- 🇯🇵 二つ以上のものが互いに敵対することなく助け合って生存し、ともに栄えること
- 🇰🇷 둘 이상의 것이 적대시하지 않고 서로 도와 생존하고 함께 번영하는 것

用法 共存共栄는 '共存共栄を図る(공존공영을 꾀하다)', '長く共存共栄する(오래 공존공영하다)'처럼 명사나 동사(~する)로 사용된다.

例

❶ 人・社会・地球との共存共栄を図り、事業活動を通じて社会に貢献する。
인간·사회·지구와의 공존공영을 꾀하고 사업 활동을 통해 사회에 공헌한다.

❷ 新しい新世紀は今までの競争ではなく共存共栄を求める協和の時代になるであろう。
새로운 신세기는 지금까지의 경쟁이 아니라 공존공영을 추구하는 협력 화해의 시대가 될 것이다.

❸ 鉄道事業者側が撮影者との共存共栄を図ろうと、鉄道撮影スペースの整備を図る例もある。
철도 사업자 측이 촬영자와의 공존공영을 꾀하려고 철도 촬영 스페이스 정비를 꾀하는 예도 있다.

011 >>>> 공평무사　　　　　　　　　　　　　　[公平無私] こうへいむし ☐☐☐☐

意味
- 🇯 判断や処理などが偏っておらず、私心のないこと
- 🇰 판단이나 처리 등이 치우치지 않고 사심이 없음

用法 公平無私は '公平無私の姿勢(공평무사의 자세)', '公平無私に処理する(공평무사하게 처리하다)'처럼 명사로 사용된다.

例

❶ 我々は公平無私に世界のさし示すいかなる暗示も考慮する心構えはできている。
우리는 공평무사하게 세계가 제시하는 어떤 암시도 고려할 준비는 되어 있다.

❷ 冷然と構えて公平無私にこの場を主宰しているところ、まさに戦争の女神という格好だ。
냉정한 자세로 공평무사하게 이 자리를 주재하고 있는 바, 참으로 전쟁의 여신이라 할 모습이다.

❸ むしろ読者の正義感、忍耐心、公平無私にすべてを任せる方がこの上もなく奥床しい。
차라리 독자의 정의감, 인내심, 공평무사에 모든 것을 맡기는 편이 더없이 심오하다.

012 〉〉〉 교언영색 [巧言令色] こうげんれいしょく □□□□

意味
- ⓙ 言葉を巧みに飾り、顔付きを和らげて人に諂うこと
- ⓚ 말을 교묘하게 꾸미고 얼굴 표정을 부드럽게 하여 타인에게 굽실거림

用法 巧言令色는 '巧言令色の人(교언영색의 인간)', '巧言令色する(교언영색하다)'처럼 명사나 동사(~する)로 사용된다.

例

❶ 巧言令色して誠に尤らしく振る舞うことが彼の務めである。
교언영색하여 참으로 그럴듯하게 행동하는 것이 그의 임무이다.

❷ しかもそういう不正を感傷的な巧言令色で隠蔽しなければならない。
더구나 그런 부정을 감상적인 교언영색으로 은폐해야 한다.

❸ 東京がいかに巧言令色を以て我々を招くとも、これに眩惑されてはならぬ。
동경이 아무리 교언영색으로 우리를 꾀어도 이에 현혹돼서는 안 된다.

013 >>> 군웅할거 [群雄割拠]

意味
- 🇯🇵 多くの英雄が各地で勢力を振い対立すること
- 🇰🇷 많은 영웅이 각지에서 세력을 떨치며 대립함

用法 群雄割拠는 '群雄割拠の時代(군웅할거의 시대)'처럼 명사로 사용된다.

例

❶ 京都は戦乱の巷となって荒廃し、以後群雄割拠の戦国時代に入った。
코오또는 전란의 거리가 되어 황폐하고, 이후 군웅할거의 전국시대로 들어갔다.

❷ それ以前は共通の文化基盤を持ちながら緩やかに繋がる群雄割拠の時代だ。
그 이전은 공통의 문화 기반을 가지면서 느슨하게 연결되는 군웅할거의 시대이다.

❸ 自らの手で作り出した群雄割拠状態を、これまた自らの手で早々と終止符を打った。
자기 손으로 만들어낸 군웅할거 상태를 이 또한 자기 손으로 빠르게 종지부를 찍었다.

014 권모술수 [權謀術數]

意味
- 🇯🇵 巧みに人をあざむくための策略(企みや計り事)
- 🇰🇷 교묘히 사람을 속이기 위한 책략

用法 権謀術数는 '権謀術数が渦巻く(권모술수가 판치다)', '権謀術数にかかる(권모술수에 걸리다)', '権謀術数に満ちる(권모술수에 차다)'처럼 명사로 사용된다.

例

❶ あの男は権謀術数の世界に生きてここまで伸し上がって来た人間である。
저 남자는 권모술수의 세계에 살며 여기까지 밀고 올라 온 인간이다.

❷ その間に弄した権謀術数の策が、彼を不気味な人間と思わせている。
그간에 부린 권모술수의 책략이 그를 꺼림직한 인간으로 생각하게 하고 있다.

❸ 日記を読む限り権謀術数とは無縁な淡々とした生き方しか浮かんでこない。
일기를 읽는 한 권모술수와는 무관한 담담한 삶밖에 떠오르지 않는다.

015 〉〉〉〉 권선징악　　　[勧善懲悪]

意味
- 🇯🇵 よい行いを勧め悪い行いを懲らしめること
- 🇰🇷 좋은 행동을 권하고 나쁜 행동을 응징함

用法 勧善懲悪는 '勧善懲悪のよい例(권선징악의 좋은 예)', '勧善懲悪が必要だ(권선징악이 필요하다)'처럼 명사로 사용된다.

例

❶ 悪役は特に勧善懲悪などの要素を含む物語では必要不可欠の要素である。
악역은 특히 권선징악 등의 요소를 포함하는 이야기에서는 필요 불가결한 요소이다.

❷ 弱者と善人が最終的に報われるよう極端すぎるほどの勧善懲悪を徹底している。
약자와 선한 자가 최종적으로 보답을 받도록 지나치게 극단적일 정도의 권선징악에 철저하다.

❸ これは他の単純明快な勧善懲悪型の冒険小説の主人公たちとは一線を画すものである。
이것은 다른 단순명쾌한 권선징악형의 모험소설 주인공들과는 일선을 긋는 것이다.

016 >>> 권토중래 [捲土重来] けんどちょうらい

意味
- 🇯🇵 一度破(やぶ)れた者(もの)が再(ふたた)び勢(いきお)いを盛(も)り返(かえ)すこと
- 🇰🇷 한 번 패한 자가 재차 세력을 회복함

用法 捲土重来(けんどちょうらい)는 '捲土重来の夢(けんどちょうらいのゆめ)(권토중래의 꿈)', '捲土重来を誓(ちか)う・期(き)する(けんどじゅうらい)(권토중래를 맹세하다・기하다)'처럼 명사로 사용한다. '捲土重来(けんどじゅうらい)'라고도 한다.

例

❶ 地方(ちほう)からの捲土重来(けんどちょうらい)の望(のぞ)みも潰(つい)え、ローマ帝国(ていこく)は完全(かんぜん)に滅亡(めつぼう)した。
지방으로부터의 권토중래의 희망도 사라지고 로마제국은 완전히 멸망했다.

❷ 捲土重来(けんどちょうらい)を誓(ちか)った彼(かれ)は何(なに)が何(なん)でももう一度(いちど)金持(かねも)ちになる意気込(いきご)みだ。
권토중래를 맹세한 그는 뭐가 뭐래도 다시 한번 부자가 될 기세이다.

❸ 時(とき)が味方(みかた)しなかったから、一時(いちじ)、身(み)を隠(かく)し、資金(しきん)を貯(たくわ)え、捲土重来(けんどじゅうらいき)を期したんだ。
때가 아군이 아니었기에 한때 몸을 숨기고 자금을 모아 권토중래를 기했다.

017 ››› 금과옥조 [金科玉条] □□□□

意味
㊐ 金や玉のように尊い法律の意から大切に守らなくてはならない規則の拠所となるもの

㊉ 돈이나 구슬처럼 귀중한 법률이라는 의미에서 소중히 지켜야 하는 규칙의 근거나 기반(의지할 곳)

用法 金科玉条は '金科玉条である(금과옥조이다)', '金科玉条のように(금과옥조처럼)', '金科玉条とする(금과옥조로 삼다)'처럼 명사로 사용된다.

例

❶ それは彼女が長い人生をかけて確信を重ねてきた金科玉条だった。
그것은 그녀가 긴 인생을 걸고 확신을 거듭해 온 금과옥조였다.

❷ リアリズムが金科玉条の近来のテレビ制作者がまるでそれをご存じない。
리얼리즘이 금과옥조인 근래의 TV 제작자가 전혀 그것을 모른다.

❸ それを金科玉条のように一生懸命に守って、待ち続けていた自分が少し馬鹿らしくなった。
그것을 금과옥조처럼 열심히 지키고 계속 기다렸던 자신이 조금 바보 같아졌다.

018 〉〉〉 기사회생　　　　[起死回生 (き し かいせい)] □□□□

意味
- ⓙ 絶望的(ぜつぼうてき)な状態(じょうたい)にある物事(ものごと)を立(た)て直(なお)すこと
- ⓚ 한 절망적인 상태에 있는 사물을 다시 새로이 일으킴

用法　起死回生(きしかいせい)는 '起死回生の手段(きしかいせいのしゅだん)(기사회생의 수단)', '起死回生する(きしかいせいする)(기사회생하다)' 처럼 명사나 동사(~する)로 사용된다.

例

❶ 土壇場(どたんば)で起死回生(きしかいせい)の一手(いって)を放(はな)ち、辛(から)くも勝利(しょうり)することができた。
막판에서 기사회생의 한 수를 날려 간신히 승리할 수 있었다.

❷ 何(なん)とか起死回生(きしかいせい)の手(て)を打(う)たなければならないところへ追(お)いこまれている。
어떻게든 기사회생의 손을 써야 하는 상황으로 내몰리고 있다.

❸ 一発逆転(いっぱつぎゃくてん)の起死回生(きしかいせい)に向(む)けて意地(いじ)でも守(まも)り通(とお)している資産(しさん)があるはずだ。
일발 역전의 기사회생을 향해 오기로라도 끝까지 지키고 있는 자산이 있을 터이다.

019 >>>> 기상천외 [奇想天外]

意味
- 🇯🇵 普通では思いつかないほど奇抜であること
- 🇰🇷 보통으로는 생각나지 않을 정도로 기발함

用法 奇想天外는 '奇想天外な発想(기상천외한 발상)', '奇想天外である(기상천외하다)'처럼 명사나 형용동사로 사용된다.

例

❶ 牽制球をヘルメットで受けるなどは、真に奇想天外のプレイである。
견제구를 헬멧으로 받는 따위는 참으로 기상천외한 플레이이다.

❷ 編集者はその奇想天外な小説の内容に引かれて採用することにした。
편집자는 그 기상천외한 소설 내용에 끌려 채용하기로 했다.

❸ まるで大昔に書かれた奇想天外なお話をそのまま演じているような気がする。
마치 먼 옛날에 쓰인 기상천외한 이야기를 그대로 연출하고 있는 듯한 느낌이다.

020 〉〉〉 길흉화복　[吉凶禍福 (きっきょうかふく)]

意味
- 🇯🇵 めでたいことと不吉(ふきつ)なこと、また幸(さいわ)いと災(わざわ)い
- 🇰🇷 경사스러운 일과 불길한 일, 행복과 재난

用法 吉凶禍福는 '吉凶禍福は時の運(길흉화복은 시운)', '吉凶禍福を占う(길흉화복을 점치다)'처럼 명사로 사용된다.

例

❶ 金(かね)を一定(いってい)の額(がく)だけ吉凶禍福(きっきょうかふく)に応(おう)じて会社(かいしゃ)からいくらかの補助金(ほじょきん)と共(とも)に給与(きゅうよ)してもらうんだ。
돈을 일정액정도 길흉화복에 따라 회사로부터 다소의 보조금과 함께 지급해 받았다.

❷ 風水(ふうすい)は古代中国(こだいちゅうごく)の思想(しそう)で都市(とし)、住居(じゅうきょ)、建物(たてもの)、墓(はか)などの位置(いち)の吉凶禍福(きっきょうかふく)を決定(けってい)するために用(もち)いられてきた。
풍수는 고대 중국 사상으로 도시, 주거, 건물, 묘 등에 대한 위치의 길흉화복을 결정하기 위해 이용되어 왔다.

❸ 彼(かれ)は当時(とうじ)の仏教(ぶっきょう)がこの世(よ)の吉凶禍福(きっきょうかふく)に心(こころ)を迷(まよ)わし、卜占祭祀(ぼくせんさいし)を事(こと)とし、迷信邪教(めいしんじゃきょう)に陥(おちい)っていることに対(たい)して鋭(するど)い批判(ひはん)を向(む)けた。
그는 당시 불교가 이 세상의 길흉화복에 마음을 현혹시켜, 복점 제사를 일로 하여 미신 사교에 빠져 있는 일에 대해 날카로운 비판을 가했다.

021 〉〉〉 난공불락 [難攻不落 なんこうふらく]

意味
- 🇯🇵 城や砦などの守りが固くて、攻め落とすのが難しいこと
- 🇰🇷 성이나 요새 등의 방어가 견고하여 함락시키기가 어려움

用法 難攻不落는 '難攻不落の城・要塞・砦(난공불락의 성・요새)'처럼 명사로 사용된다.

例

❶ そこは防御に適した場所ではあったが、難攻不落とまではいかなかった。
그곳은 방어에 적합한 장소이긴 했지만, 난공불락이라고까지는 이르지 않았다.

❷ ある者は、彼が弟の復讐から身を守るため、難攻不落の砦を求めたのだと主張した。
혹자는 그가 동생의 복수로부터 몸을 지키기 위해 난공불락의 요새를 추구했다고 주장했다.

❸ 帝国の経済も瀕死の域にあり、難攻不落の都市があってもそれを守る兵士が足りなかった。
제국의 경제도 빈사상태에 이르렀고, 난공불락의 도시가 있어도 그것을 지켜낼 병사가 부족했다.

022 >>>> 다사다난 [多事多難(たじたなん)]

意味
- 🇯🇵 事件が多くて困難が絶えないこと
- 🇰🇷 일도 많고 어려움도 많음

用法 多事多難은 '多事多難だ/である(다사다난하다)', '多事多難な一日·時代(다사다난한 하루·시대)'처럼 명사나 형용동사로 사용된다.

例

❶ 平和(へいわ)どころか昭和(しょうわ)は内外情勢(ないがいじょうせい)とも多事多難(たじたなん)な幕開(まくあ)きとなった。
평화는커녕 쇼와는 내외 정세 모두 다사다난한 개막이 되었다.

❷ 私(わたし)の十年(じゅうねん)の歳月(さいげつ)は多事多難(たじたなん)であったが、また夢(ゆめ)のようにも過(す)ぎ去(さ)った。
나의 10년 세월은 다사다난했지만, 또한 꿈처럼도 지나갔다.

❸ その日(ひ)は、まったく多事多難(たじたなん)な日(ひ)で、私(わたし)は家(いえ)へ帰(かえ)る途中(とちゅう)、ある友人(ゆうじん)の妹(いもうと)に出会(であ)った。
그날은 정말 다사다난한 날로 나는 집으로 돌아가던 도중 한 친구의 여동생을 만났다.

023 단도직입 [単刀直入]

意味
- 🇯🇵 一本の刀を握り締め、敵陣にまっしぐらに切り込む意から、前置きなしにいきなり本題や要点を切り出すこと
- 🇰🇷 여러 말을 늘어놓지 않고 바로 본론이나 중심 문제로 들어가는 것

用法
単刀直入는 '単刀直入な質問(단도직입의 질문)', '単刀直入に聞く·話を切り出す (단도직입적으로 묻다·말을 꺼내다)'처럼 명사나 형용동사로 사용된다.

例

❶ あまりにも単刀直入な質問だったので、座は一瞬しらけた格好になった。
너무나 단도직입적인 질문이었기 때문에, 좌중은 일순간 싸늘한 모습이 되었다.

❷ 私は単刀直入に切りだすことで、相手のためらいを打ち砕こうと考えた。
나는 단도직입적으로 말을 꺼냄으로써 상대방의 망설임을 깨려고 생각했다.

❸ 警戒心を解くためにも、単刀直入に聞いたほうが、効果の高い場合が多い。
경각심을 풀기 위해서라도 단도직입적으로 묻는 편이 효과가 큰 경우가 많다.

024 >>> 대기만성 [大器晩成]

意味
- 🇯🇵 大きく立派な器が完成に時間を要するということから、器量の大きな人物の成功には時間がかかるということ
- 🇰🇷 큰 그릇은 늦게 이루어진다는 말로 늦은 나이가 되어 성공하는 것

用法 大器晩成는 '大器晩成を目指す(대기만성을 지향하다)', '大器晩成型(대기만성형)', '大器晩成タイプ(대기만성 타입)', '大器晩成する(대기만성하다)'처럼 명사나 동사(~する)로 사용된다.

例

❶ 小説家や評論家から彼は大器晩成の典型としてよく取り上げられた。
소설가나 평론가로부터 그는 대기만성의 전형으로서 자주 다루어졌다.

❷ 子供の頃から芸能に達者であり、大器晩成の人柄であると評されていた。
어릴 때부터 예능에 능통하고 대기만성할 성품이라고 평가받고 있었다.

❸ それから頭角を現わし、現在ではリーグ屈指の大器晩成型スラッガーになっている。
그로부터 두각을 나타내 현재는 리그 굴지의 대기만성형 슬러거가 되어 있다.

025 ＞＞＞ 대동단결 [大同団結 / だいどうだんけつ]

意味
㋐ 複数の党派や団体がある目的のために主義・主張などの違いを超えて一つに纏まること

㋚ 복수의 당파나 단체가 어떤 목적을 위해 주의·주장 등의 차이를 넘어 하나로 모아짐

用法 大同団結는 '大同団結の精神(대동단결의 정신)', '大同団結する(대동단결하다)' 처럼 명사나 동사(~する)로 사용된다.

例

❶ 地球環境の危機を警告し、精神的諸伝統の一致と大同団結を訴えた。
지구 환경의 위기를 경고하고 정신적 제반 전통의 일치와 대동단결을 호소했다.

❷ さらに満州事変が起きると、抗日のための大同団結の世論が高まるようになる。
더욱이 만주사변이 일어나자 항일을 위한 대동단결 여론이 높아지게 된다.

❸ 戦前の農民組合が大同団結して日本農民組合を結成すると、初代の組合長となる。
전쟁 전 농민조합이 대동단결하여 일본 농민조합을 결성하자 초대 조합장이 된다.

026 »» 대동소이 [大同小異]

意味
- 🇯 細部の違いはあるが全体的にはほぼ同じであること
- 🇰 크게 같고 작게 다르다는 의미에서 세부에 차이는 있지만 전체적으로는 거의 같음

用法 大同小異는 '大同小異の記事(대동소이한 기사)', '大同小異である(대동소이하다)'처럼 명사로 사용된다.

例

❶ 場所を変えて同じように訊いて回っても、やはり反応は大同小異だった。
장소를 바꿔 똑같이 묻고 다녀도 역시 반응은 대동소이했다.

❷ だいたい右のような記事で真相は明らかでなく、どの新聞も大同小異である。
대체로 오른쪽과 같은 기사로 진상은 분명치 않고 어느 신문 기사도 대동소이하다.

❸ そういう意味の小記事でどの夕刊も大同小異だし、全然掲載していないのもあった。
그런 의미의 작은 기사로 어느 석간도 대동소이하고 전혀 게재하지 않은 것도 있었다.

027 >>>> 동분서주 [東奔西走] とうほんせいそう

[意味]
- 🇯🇵 仕事や用事のため、東へ西へとあちこち忙しく走り回ること
- 🇰🇷 동으로 서로 매우 바쁘게 움직이는 모습

[用法] 東奔西走는 '東奔西走の忙しさ(동분서주의 바쁨)', '東奔西走する(동분서주하다)' 처럼 명사로 사용된다.

[例]

❶ 仕方なく親は発熱した子供を抱えて、医者探しに東奔西走することになる。
어쩔 수 없이 부모는 열이 난 아이를 안고 의사를 찾으러 동분서주하게 된다.

❷ さらに記念碑の除幕式などもあるそうで、まさに東奔西走の活躍中である。
게다가 기념비의 제막식 등도 있다고 하여 그야말로 동분서주의 활약 중이다.

❸ 無実の人間を救うための東奔西走の毎日が弁護士の朝日を待っていた。
죄 없는 인간을 구하기 위한 동분서주의 매일이 변호사의 아침 해를 기다리고 있었다.

028 >>> 동상이몽 [同床異夢]

意味
- 同じ寝床に寝ても、それぞれ違った夢を見ること
- 같은 침상에서 자도 각각 다른 꿈을 꾸는 것

用法 同床異夢는 '同床異夢の仲間(동상이몽의 사이)', '同床異夢である(동상이몽이다)'처럼 명사로 사용된다.

例

❶ 労働組合主義の共闘は同床異夢に終わり、長続きはしなかった。
노동조합주의의 공동 투쟁은 동상이몽에 그쳐 오래가지 못했다.

❷ 一時休戦協定を結んだが、この協定は同床異夢であったため短命に終わった。
한때 휴전 협정을 맺었지만, 이 협정은 동상이몽이었기 때문에 단명에 그쳤다.

❸ 合流時のマスコミ報道では'同床異夢''呉越同舟'といった表現が用いられることとなった。
합류 시의 언론 보도에서는 '동상이몽' '오월동주'라는 표현이 쓰이게 됐다.

029 >>> 마이동풍 [馬耳東風]

意味
- 🇯🇵 他人の意見や批評をまったく気にとめず聞き流すこと
- 🇰🇷 타인의 의견이나 비평을 전혀 신경 쓰지 않고 흘려들음

用法 馬耳東風는 '馬耳東風である(마이동풍이다)', '馬耳東風に聞き流す(마이동풍으로 듣고 흘려버리다)'처럼 명사로 사용된다.

例

❶ あれこれ質問したところで、馬耳東風と受け流すことは目に見えている。
이것저것 질문을 해봐야 마이동풍으로 받아넘길 것은 뻔하다.

❷ 肯定するでもなく否定するでもなく、まるで馬耳東風とでもいうふうな無表情である。
긍정하는 것도 아니고 부정하는 것도 아니고 마치 마이동풍이라는 식의 무표정이다.

❸ 自重を促した上官の言葉も馬耳東風で、彼は帰京してからも単独で調査を行っている。
자중을 촉구한 상관의 말도 마이동풍으로 그는 귀경해서도 단독으로 조사를 벌이고 있다.

030 〉〉〉〉 만신창이 [満身創痍] まんしんそうい

意味
- 🇯 体中が傷だらけの様子
- 🇰 온몸이 상처투성이인 상태

用法 満身創痍는 '満身創痍の兵士・体(만신창이의 병사・몸)', '満身創痍となる(만신창이 되다)'처럼 명사로 사용된다.

例

❶ 両軍満身創痍となりながらも、なお一歩も退くことなく戦った。
양군 만신창이가 되면서도 여전히 한 걸음도 물러서는 일 없이 싸웠다.

❷ 木の洞穴の中で、私は満身創痍の体を横たえて喘いでいた。
나무 동굴 속에서 나는 만신창이의 몸을 옆으로 눕히고 신음하고 있었다.

❸ 満身創痍での運用となった初代と比べ、確実に運用するための改良が行われた。
만신창이 상태의 운용이 된 초대에 비해 확실히 운용하기 위한 개량이 이루어졌다.

031 >>> 망연자실 [茫然自失]

意味
- 🇯🇵 あっけにとられたり呆れ果てたりして我を忘れること
- 🇰🇷 어이가 없어 멍하니 정신을 잃음

用法 茫然自失는 '茫然自失の状態(망연자실한 상태)', '茫然自失する(망연자실하다)' 처럼 명사나 동사(~する)로 사용된다.

例

❶ 茫然自失の形で、私は乗組の全員が帆を挙げにかかるのを眺めていた。
망연자실한 모습으로 나는 승조원 전원이 돛을 올리려는 것을 바라보고 있었다.

❷ 仰天とは、心理的なショックを受け、一時的な茫然自失の状態に陥った様子を表す。
경악은 심리적 충격을 받아 일시적인 망연자실 상태에 빠진 모습을 말한다.

❸ 彼女の顔に現れていたのは、恐怖というよりも、なんとも言えぬ茫然自失の色だった。
그녀의 얼굴에 나타난 것은 공포라기보다도 뭐라 말할 수 없는 망연자실한 빛이었다.

032 》》》 맹모삼천　　[孟母三遷 もうぼさんせん]

意味
- 🇯🇵 子供は周囲の影響を受けやすいので、子供の教育には環境を選ぶことが大切であるという教え
- 🇰🇷 아이들이 환경의 영향을 받음을 깨닫고 맹자의 어머니가 집을 세 번 옮겼다는 것

用法 孟母三遷은 '孟母三遷の教え(맹모삼천의 가르침)'처럼 명사로 사용된다.

例

❶ 孟子の母が、子供への感化を考えて、三度も転居した「孟母三遷」の故事が有名である。
맹자 어머니가 자식에 대한 감화를 생각하여 세 번이나 이사한 맹모삼천의 고사가 유명하다.

❷ これは孟母三遷などという東洋的な意味のものではなく、本当はママが引越しが好きであるからであろう。
이것은 맹모삼천 등등 하는 동양적인 의미의 일이 아니라, 사실은 엄마가 이사를 좋아하기 때문일 것이다.

❸ 孟母三遷とは子供の教育のために引っ越した母の話であるが、私は子供の帰り道の心配をしなくてすむように子供の学校のまん前に引っ越そうかと、本気で考えたこともある。
맹모삼천이란 아이 교육을 위하여 이사한 어머니 이야기이지만, 나는 아이 귀가 걱정을 하지 않아도 되도록 아이 학교 바로 앞으로 이사할까 하고 정말로 생각한 적도 있다.

033 >>>> 명경지수 [明鏡止水]

意味 ⓙ 何のわだかまりもなく、清らかで澄みきった心境のこと

ⓚ 아무런 응어리도 없고 맑고 투명한 심경

用法 明鏡止水는 '明鏡止水の境地・心・気持ち(명경지수의 경지・마음・기분)'처럼 명사로 사용된다.

例

❶ 目の前の男は覚悟を決めている明鏡止水の境地に達していると思った。
눈앞의 남자는 각오를 정하고 있는 명경지수의 경지에 이르렀다고 생각했다.

❷ 死ぬかもしれない戦場に行く前日だって明鏡止水の心でどっしりと構えていた。
죽을지도 모르는 전쟁터에 가기 전날도 명경지수의 마음으로 묵직하게 버티고 있었다.

❸ 明鏡止水の気持ちで長年のエピソードの数々を読者の方々に語らせていただいた。
명경지수의 마음으로 오랜 에피소드의 여러 가지를 독자분들에게 들려 드렸다.

034 >>>> 무릉도원 [武陵桃源(ぶりょうとうげん)]

意味
- 俗世間からかけ離れた平和な別天地、理想郷のこと
- 속세로부터 떨어진 평화로운 별천지, 이상향

用法 武陵桃源은 '武陵桃源の世界(무릉도원의 세계)', '武陵桃源である(무릉도원이다)'처럼 명사로 사용된다.

例

❶ 中国の昔話にある武陵桃源とは、こういうところのことだったのであろう。
중국의 옛 이야기에 있는 무릉도원은 이런 곳이었을 것이다.

❷ 恐らく武陵桃源とはこういう長閑な、うらうらとした気分を理想化したものであろう。
아마도 무릉도원이란 이런 한가한, 화창한 기분을 이상화한 것일 것이다.

❸ そんなかけ離れた武陵桃源境であるが為に、ここばかりはかつて天然痘も入った事がない。
그런 동떨어진 무릉도원경이기 때문에 이곳만은 일찍이 천연두도 들어온 적이 없다.

035 >>>> 무미건조　　[無味乾燥] □□□□

[意味]
- 🇯🇵 何の面白みも味わいもないさま
- 🇰🇷 아무런 재미도 맛도 없음

[用法] 無味乾燥는 '無味乾燥である(무미건조하다)', '無味乾燥な文章・内容・話(무미건조한 문장・내용・이야기)'처럼 명사나 형용동사로 사용된다.

[例]

❶ あの無味乾燥な数字の羅列を見ると頭が痛くなる、という人さえいる。
저 무미건조한 숫자의 나열을 보면 머리가 아파진다는 사람마저 있다.

❷ 無味乾燥な解説書と違って、まるで自分がその場にいるような臨場感がある。
무미건조한 해설서와 달리 마치 내가 그 자리에 있는 듯한 현장감이 있다.

❸ 私はなるべく無視して無味乾燥な文を重ねていったが、だんだんと不安に襲われた。
나는 가급적 무시하고 무미건조한 글을 거듭해 나갔지만 점점 불안에 휩싸였다.

036 무위도식 [無為徒食(むいとしょく)] □□□□

意味
- ⓙ 何もしないで、ただ無駄に毎日を過ごすこと
- ⓚ 아무것도 하지 않고 그저 헛되이 매일을 보냄

用法 無為徒食은 '無為徒食の生活(무위도식의 생활)', '無為徒食する(무위도식하다)'처럼 명사나 동사(~する)로 사용된다.

例

❶ 春節の休みが終わると、なしくずしに無為徒食の日々へと突入した。
춘절 휴가가 끝나자 서서히 무위도식의 나날로 돌입했다.

❷ 無為徒食というものが、どれ程人間を駄目にするか、ふとそんな反省も湧く。
무위도식이라는 것이 얼마나 인간을 망치게 하는지 문득 그런 반성도 든다.

❸ その間ずっと寝そべって無為徒食していた人間と条件はまったく同じになった。
그동안 계속 누워 무위도식하던 인간과 조건은 완전히 같아졌다.

037 >>> 무지몽매　　　[無知蒙昧(むちもうまい)]

[意味]
- ⓐ 知恵や学問がなく愚かなさま
- ⓚ 지혜나 학문이 없고 어리석은 모습

[用法] 無知蒙昧는 '無知蒙昧なやから(무지몽매한 패거리)', '無知蒙昧な大衆(무지몽매한 대중)'처럼 명사나 형용동사로 사용된다.

[例]

❶ 無知蒙昧の状態に放って置かれたので、読むことも書くこともできない。
무지몽매인 상태로 방치되어서 읽는 것도 쓰는 것도 할 수 없다.

❷ もっと本を読まないと、この無知蒙昧のまま人生が終わってしまう、と目覚めさせてくれる。
좀 더 책을 읽지 않으면 이 무지몽매 상태로 인생이 끝나 버린다고 눈을 뜨게 해 준다.

❸ 現在の劣悪な候補者の多くは、明らかにこのような民衆の無知蒙昧を勘定に入れ、それを足場として一勝負やるために現われてきたものである。
현재의 열악한 후보자의 대다수는 분명히 이와 같은 민중의 무지몽매를 계산에 넣어 그것을 발판으로 한 승부 하기 위하여 나타난 것이다

038 >>> 물물교환 [物々交換] ぶつぶつこうかん

意味
- 日 貨幣を媒介させずに物と物を直接交換すること
- 韓 화폐를 매개로 하지 않고 물건과 물건을 직접 교환하는 것

用法 物々交換은 '物々交換ができる(물물교환을 할 수 있다)', '物々交換をする(물물교환을 하다)'처럼 명사로 사용된다.

例

❶ 古代ローマ時代から護衛が奴隷や物々交換に使う品物を運んでいた。
고대 로마 시대부터 호위가 노예나 물물교환에 쓸 물건을 운반했었다.

❷ 貿易システムも変更され、物々交換は共産主義国家しかできなくなった。
무역 시스템도 변경되어 물물교환은 공산주의 국가밖에 할 수 없게 되었다.

❸ より価値のある品物を持っていれば、後々はそれを物々交換もできるのだ。
더 가치 있는 물건을 가지고 있으면 나중에는 그것을 물물교환도 할 수 있다.

039 >>> 물심양면　　[物心両面]

意味
- 🇯🇵 物的な事柄と心的な事柄の両方の側面
- 🇰🇷 물적인 사항과 심적인 사항의 양 측면

用法　物心両面은 '物心両面の協力・支援(물심양면의 협력・지원)', '物心両面で助ける(물심양면으로 돕다)'처럼 명사로 사용된다.

例

❶ 時には警察などの介入から学生たちを守るなど物心両面で村を支援した。
때로는 경찰 등의 개입으로부터 학생들을 지키는 등 물심양면으로 마을을 지원했다.

❷ 世界の飢餓や貧困の問題解決のために支援の輪を広げ、物心両面から貢献する。
세계의 기아나 빈곤의 문제 해결을 위해서 지원의 고리를 넓히며 물심양면으로 공헌한다.

❸ 大学の創設に際しては多額の設立基金を寄付するなど物心両面の協力を惜しまなかった。
대학의 설립에 즈음해서는 고액의 설립 기금을 기부하는 등 물심양면의 협력을 아끼지 않았다.

040 　미사여구　　[美辞麗句(びじれいく)]

[意味]
- 🇯🇵 美(うつく)しい言葉(ことば)に美(うつく)しい語句(ごく)
- 🇰🇷 아름다운 말에 아름다운 어구

[用法] 美辞麗句(びじれいく)는 '美辞麗句(びじれいく)を並(なら)べ立(た)てる(미사여구를 늘어놓다)'처럼 명사로 사용된다.

[例]

❶ この称号(しょうごう)は聖職者(せいしょくしゃ)が公(おおやけ)に対(たい)して用(もち)いる東(ひがし)ローマ風(ふう)な美辞麗句(びじれいく)の一(ひと)つだった。
이 칭호는 성직자가 공개적으로 사용하는 동로마식 미사여구의 하나였다.

❷ 信頼(しんらい)や愛情(あいじょう)や友情(ゆうじょう)や正義(せいぎ)や、そうした美辞麗句(びじれいく)がすべてむなしく感(かん)じられた。
신뢰나 애정이나 우정이나 정의나 그런 미사여구가 모두 허망하게 느껴졌다.

❸ 彼(かれ)は徐々(じょじょ)に調子(ちょうし)を上(あ)げていき、やがて歌(うた)うように、美辞麗句(びじれいく)を連(つら)ねてみせた。
그는 서서히 컨디션을 높여가다, 이윽고 노래하듯이 미사여구를 늘어놓아 보였다.

041 >>> 반신반의 [半信半疑 はんしんはんぎ]

意味
- 🇯🇵 半分は信じているが、半分は疑っている状態
- 🇰🇷 반은 믿지만 반은 의심하는 상태

用法 半信半疑는 '半信半疑の面持ち(반신반의의 표정)', '半信半疑で聞く(반신반의로 묻다)', '半信半疑する(반신반의하다)'처럼 명사나 동사(~する)로 사용된다.

例

❶ まだこの時点では、こんなことが商売になるのかと半信半疑だった。
아직 이 시점에서는 이런 것이 장사가 되는 것인가 하고 반신반의했다.

❷ 彼女の周囲の人間も驚いたが、党の方でも最初は半信半疑であった。
그녀 주위의 인간도 놀랐지만, 당 쪽에서도 처음에는 반신반의였다.

❸ あまりにも信じられない仮説に到達して自分でも半信半疑の状態である。
너무나도 믿을 수 없는 가설에 도달하여 나로서도 반신반의의 상태이다.

042 >>> 방약무인 [傍若無人] ぼうじゃくぶじん ☐☐☐☐

[意味]
- 🇯🇵 他人を無視して勝手に振る舞うさま
- 🇰🇷 타인을 무시하고 멋대로 행동함

[用法] 傍若無人은 '傍若無人な態度·行動(방약무인한 태도·행동)', '傍若無人に振る舞う(안하무인으로 행동하다)'처럼 명사나 형용동사로 사용된다.

[例]

❶ 東北訛に似た独特の口調と傍若無人ともいえる振る舞いが特徴である。
동북 억양을 닮은 독특한 어조와 안하무인이라고 할 수 있는 행동이 특징이다.

❷ その恐竜は自分以外の動物の存在は認めないような傍若無人ぶりであった。
그 공룡은 자신 이외의 동물의 존재는 인정하지 않는 그런 안하무인의 태도였다.

❸ そんな単純な理由で、彼女の傍若無人な振る舞いを見逃すはずがない。
그런 단순한 이유로 그녀의 방약무인한 행동을 묵인할 리 없다.

043 〉〉〉〉 백발백중 [百発百中] ひゃっぱつひゃくちゅう □□□□

[意味]
- 🇯🇵 矢や弾丸を放つごとにすべて命中すること
- 🇰🇷 백발 쏘아 백번을 다 맞춤

[用法] 百発百中は '百発百中の腕・実力(백발백중의 솜씨・실력)', '百発百中に近い(백발백중의 가깝다)', '百発百中する(백발백중하다)'처럼 명사나 동사(〜する)로 사용된다.

[例]

❶ この訓練は大成功で、ほぼ百発百中に近い好成績を得られた。
이 훈련은 대성공으로 거의 백발백중에 가까운 좋은 성적을 얻을 수 있었다.

❷ 廊下のカギの開け方で、どの看守か見当が付くし、足音になると百発百中らしい。
복도 열쇠 여는 방법으로 어느 간수인지 짐작이 가고, 발걸음이 되면 백발백중인 모양이다.

❸ 何しろこれからは動く物を狙うのだから、止った物に百発百中の腕でも、何の役にも立たない。
어쨌든 지금부터는 움직이는 물체를 노리는 것이니 멈춘 물체에 백발백중의 실력이라도 아무 도움이 안 된다.

044 〉〉〉 본말전도 [本末転倒] ほんまつてんとう ☐☐☐☐

意味
- 🇯🇵 物事の根本的なことと、そうでないこととを取り違えること
- 🇰🇷 사물의 근본적인 것과 그렇지 않은 것을 잘못 바꾸는 것

用法 本末転倒는 '本末転倒の話(본말전도의 이야기)', '本末転倒も甚だしい(본말전도도 아주 심하다)'처럼 명사로 사용된다. 한국에서는 명사의 경우는 '본말전도', 동사로는 '본말이 전도되다'로 많이 사용한다.

例

❶ その結果二人の間がギクシャクしたとはいえ、参加しなければ本末転倒だ。
그 결과 둘 사이가 삐걱거렸다고는 해도 참가하지 않으면 본말전도이다.

❷ 変に動いて、知ろうとし過ぎることで目をつけられ、警戒されてしまっても本末転倒だ。
잘못 움직여 너무 알려고 하다가 표적이 되어 감시당해 버려서도 본말전도이다.

❸ 本末転倒な状況を解決するため、捜査権を持つ警察が関与するべきという意見もある。
본말전도의 상황을 해결하기 위해 수사권을 갖는 경찰이 관여해야 한다는 의견도 있다.

045 〉〉〉 부국강병 　　　[富国強兵]

意味
- ⓐ 国を豊かにし、兵力を増強すること
- ⓚ 나라를 잘살게 하고 병력을 증강하는 것

用法 富国強兵는 '富国強兵を主張する(부국강병을 주장하다)', '富国強兵策を取る(부국강병책을 취하다)'처럼 명사로 사용된다.

例

❶ 富国強兵政策によりヨーロッパから盛んに近代的な火薬技術を導入するようになる。
부국강병 정책에 의해 유럽에서 빈번하게 근대적인 화약 기술을 도입하게 된다.

❷ 明治政府の成立後に富国強兵が採用されたのは当然の流れであると考えられる。
메이지 정부의 성립 후에 부국강병이 채용된 것은 당연한 흐름이라고 생각된다.

❸ 初めは学問を志したが、富国強兵路線の必要性を知ると、軍人の道を歩み始めた。
처음에는 학문에 뜻을 두었으나 부국강병 노선의 필요성을 알게 되자 군인의 길을 걷기 시작했다.

046 >>> 부화뇌동　　[不和雷同] ふわらいどう □□□□

意味
🇯🇵 確固とした自分の意見がなく、人の言動に軽々しく調子を合わせること
🇰🇷 확고한 자신의 의견이 없고 타인의 언동에 가볍게 동조하는 것

用法 不和雷同는 '不和雷同の行動(부화뇌동의 행동)', '不和雷同する(부화뇌동하다)'처럼 명사나 동사(~する)로 사용된다.

例

❶ 軽薄と言うべきか、不和雷同と言うべきか、まことに頼りない。
경박하다고 해야 할지, 부화뇌동이라고 해야 할지 참으로 미덥지 않다.

❷ 不和雷同する連中は、すでに食料品を買いこみ、山岳地帯に繰り込んでいる。
부화뇌동하는 자들은 이미 식료품을 사들여 산악지대로 몰려들고 있다.

❸ 本当に優れた人は、劣った人々の言動に不和雷同せず、自分に恥じない誠実な生き方をするものだ。
정말 뛰어난 사람은 열등한 사람들의 언행에 부화뇌동하지 않고 자신에게 부끄럽지 않은 성실한 삶을 사는 법이다.

047 〉〉〉 분골쇄신　　　[粉骨砕身]　□□□□

[意味]
- 骨を粉にし、身を砕くほど努力する意から骨身を惜しまず、全力を尽して事に当たること
- 뼈를 가루로 만들고 몸을 부술 정도로 노력하는 것

[用法] 粉骨砕身은 '粉骨砕身の精神(분골쇄신의 정신)', '粉骨砕身する(분골쇄신하다)' 처럼 명사나 동사(~する)로 사용된다.

[例]

❶ むしろここで彼女のために粉骨砕身して貸を作っておいた方がよい。
차라리 이곳에서 그녀를 위해 분골쇄신해서 빚을 지게 만들어 두는 편이 낫다.

❷ 企業戦士とは、企業の利益のために粉骨砕身で働くサラリーマンを意味する。
기업 전사란 기업의 이익을 위해 분골쇄신하며 일하는 샐러리맨을 뜻한다.

❸ 粉骨砕身すると誓うことが、卑怯な言い逃れに過ぎないと見抜かれてしまうのだ。
분골쇄신하겠다고 맹세하는 것이 비겁한 좋은 도피에 불과하다고 간파되고 만다.

048 >>> 불가항력 [不可抗力]

[意味]
- 🇯🇵 一人間の力ではどうにも逆らうことのできない力や事態
- 🇰🇷 한 인간의 힘으로는 도저히 거역할 수 없는 힘이나 사태

[用法] 不可抗力는 '不可抗力の原則(불가항력의 원칙)', '不可抗力である(불가항력이다)'처럼 명사로 사용된다.

[例]

❶ 意図的に国際法に反した行為を行うという点で「不可抗力」とは異なる。
의도적으로 국제법에 어긋난 행위를 한다는 점에서 불가항력과는 다르다.

❷ あってはならない事故であったが、不注意と呼ぶより不可抗力に近いものだった。
있어서는 안 될 사고였지만 부주의라고 부르기보다 불가항력에 가까운 것이었다.

❸ 不可抗力の原則の下で、航空機の着陸は干渉なしに許可されなければならない。
불가항력의 원칙 하에 항공기 착륙은 간섭 없이 허용되어야 한다.

049 〉〉〉 불구대천　　　　　　　　　　　　　　[不俱戴天] □□□□

[意味]
ⓙ 同じ天の下には一緒にはいない、生かしておかない意で、それほど恨みや憎しみの深いこと

㉛ 같은 하늘 아래 함께 있을 수도 살려둘 수도 없을 정도로 원망이나 증오가 깊은 것

[用法] 不俱戴天은 '不俱戴天の仇·敵(불구대천의 원수·적)'처럼 명사로 사용된다.

[例]

❶ 不俱戴天の仇敵の前に今は最後の膝を屈しなければならなかったのだ。
불구대천의 원수 앞에 지금은 마지막 무릎을 꿇어야 했다.

❷ 自分の恩師を不俱戴天の仇と狙う眼の前の不思議な女性を睨み詰めた。
자신의 은사를 불구대천의 원수로 노리는 눈앞의 이상한 여인을 노려보았다.

❸ 要するに、人を笑いものにすることは、自分の不俱戴天の敵を作ることである。
요컨대 사람을 웃음거리로 만드는 것은 자신의 불구대천의 원수를 만드는 것이다.

050 >>> 불로장수 [不老長寿 (ふろうちょうじゅ)]

[意味]
- ⓐ いつまでも年(とし)をとらず、長生(ながい)きすること
- ⓚ 언제까지나 나이를 먹지 않고 오래 사는 것

[用法] 不老長寿(ふろうちょうじゅ)는 '不老長寿(ふろうちょうじゅ)の薬(くすり)・秘訣(ひけつ)・魔法(まほう)(불로장수의 약・비결・마법)', '不老長寿(ふろうちょうじゅ)を望(のぞ)む・得(え)る(불로장수를 바라다・얻다)'처럼 명사로 사용된다.

[例]

❶ 始皇帝(しこうてい)に限(かぎ)らず、人類(じんるい)はすべて昔(むかし)から不老長寿(ふろうちょうじゅ)を望(のぞ)んできたのである。
진시황제에 한하지 않고 인류는 모두 옛날부터 불로장수를 바래 왔다.

❷ 昔(むかし)からシイタケは不老長寿(ふろうちょうじゅ)の薬(くすり)と言(い)われ、漢方(かんぽう)の原料(げんりょう)としても利用(りよう)されてきた。
옛날부터 표고버섯은 불로장수의 약이라 불려 한방의 원료로서도 이용되어 왔다.

❸ いくら年(とし)を取(と)らないと言(い)っても、不老長寿(ふろうちょうじゅ)の魔法(まほう)を知(し)らないかぎり、あり得(え)ないことである。
아무리 나이를 먹지 않는다 해도 불로장수의 마법을 모르는 한 있을 수 없는 일이다.

051 〉〉〉 불요불굴 [不撓不屈(ふとうふくつ)] ☐☐☐☐

[意味]
- ⓙ 強い意志を持って、どんな苦労や困難にも挫けないさま
- ⓚ 강한 의지로 어떤 고생이나 곤란에 꺾이지 않는 것

[用法] 不撓不屈는 '不撓不屈の精神・人物(불요불굴의 정신・인물)'처럼 명사로 사용된다.

[例]

❶ 彼は元来、たいへん頭がよく、落ちつきがあり、そして不撓不屈の紳士であった。
그는 원래 매우 똑똑하고 침착하며 그리고 불요불굴의 신사였다.

❷ 彼は議会に対して自身の権利を維持する不撓不屈の人物として最もよく知られている。
그는 의회에 대해 자신의 권리를 유지하는 불요불굴의 인물로 가장 잘 알려져 있다.

❸ 不撓不屈の地味な基礎研究に支えられた科学の力が十分に発揮されたものと言ってよい。
불요불굴의 평범한 기초연구에 힘입은 과학의 힘이 충분히 발휘된 것이라고 해도 된다.

052 〉〉〉 불요불급　　　[不要不急(ふようふきゅう)] □□□□

意味
🇯 する必要(ひつよう)もなく急(いそ)いでもいないこと

🇰 할 필요도 없고 급하지도 않은 것

用法　不要不急(ふようふきゅう)는 '不要不急の支出(ふようふきゅうのししゅつ)・外出(がいしゅつ)(불요불급한 지출・외출)'처럼 명사로 사용된다.

例

❶ デフレ期待(きたい)が蔓延(まんえん)している場合(ばあい)、家計(かけい)は不要不急(ふようふきゅう)の支出(ししゅつ)を先延(さきの)ばしする。
디플레이션 기대가 만연하고 있는 경우 가계는 불요불급한 지출을 미룬다.

❷ 東京都(とうきょうと)はこの時期(じき)、都民(とみん)に不要不急(ふようふきゅう)の都道府県境(とどうふけんきょう)を越(こ)えた移動(いどう)自粛(じしゅく)を要請(ようせい)していた。
동경도는 이 시기 도민에게 불요불급한 도도부현 경계를 넘는 이동 자숙을 요청하고 있었다.

❸ 戦後(せんご)も食糧確保(しょくりょうかくほ)や戦災復興(せんさいふっこう)が優先(ゆうせん)されて図書館(としょかん)は不要不急(ふようふきゅう)として再建(さいけん)が後回(あとまわ)しにされた。
전후에도 식량 확보나 전재 부흥이 우선되어 도서관은 불요불급으로 재건이 뒤로 밀렸다.

053 »»» 불편부당 　　　　　　　　　　　　[不偏不党]

意味
- 🇯🇵 偏ることなく公正・中立な立場を取ること
- 🇰🇷 치우치지 않고 공정·중립의 입장을 취함

用法 不偏不党는 '不偏不党の精神(불편부당한 정신)', '不偏不党の立場を守る(불편부당의 입장을 지키다)'처럼 명사로 사용된다.

例

❶ 不偏不党というと聞こえはいいが、実は自分が偏狭なためであるかも知れない。
불편부당이라고 하면 좋게 들리지만, 실은 자신이 편협하기 때문인지 모른다.

❷ その際の不偏不党の精神と公明正大の態度は、常に双方に満足を与えるものであった。
그때의 불편부당한 정신과 공명정대한 태도는 언제나 쌍방에게 만족을 주는 것이었다.

❸ 議長は不偏不党の職とされるため、推薦人のうち三人以上は自らの所属政党以外の議員である必要がある。
의장은 불편부당의 직으로 여겨지기 때문에 추천인 중 3인 이상은 자기 소속 정당 이외의 의원일 필요가 있다.

054 >>> 비방중상 [誹謗中傷]

意味
- 🇯🇵 根拠のない悪口を言いふらして他人を傷つけること
- 🇰🇷 근거 없는 험담을 퍼뜨려 타인을 상처 주는 것

用法 誹謗中傷는 '誹謗中傷が飛び交う(비방중상이 난무하다)', '誹謗中傷を浴びせる(비방중상을 퍼붓다)', '誹謗中傷する(비방중상하다)'처럼 명사나 동사(~する)로 사용된다. '中傷と謀略(중상모략)'과 비슷한 의미이다.

例

❶ 公の場で謝罪しても社会的に排除されるまで誹謗中傷が続けられる。
공개 석상에서 사과해도 사회적으로 배제될 때까지 비방중상이 계속된다.

❷ 誹謗中傷がこの立派な施設の品性を傷つけるようなことは一度もなかった。
비방 중상이 이 훌륭한 시설의 품격을 손상시키는 그런 일은 한 번도 없었다.

❸ 一般には人身攻撃と単純な個人攻撃や誹謗中傷は必ずしも区別されない。
일반적으로 인신공격과 단순한 개인 공격이나 비방 중상은 반드시 구별되지는 않는다.

055 >>> 비분강개 [悲憤慷慨]

[意味]
- 🇯🇵 運命や社会の不正などを憤って悲しみ嘆くこと
- 🇰🇷 운명이나 사회의 부정 등을 분노하고 슬퍼하며 한탄하는 것

[用法] 悲憤慷慨는 '悲憤慷慨の心境(비분강개의 심경)', '悲憤慷慨する(비분강개하다)'처럼 명사나 동사(～する)로 사용된다.

[例]

❶ たまには悲憤慷慨の心境や遺憾千万の思いを表に出してみることだ。
가끔은 비분강개의 심경이나 유감 천만의 생각을 떠올려 볼 일이다.

❷ 幕末の志士も、その悲憤慷慨を表現するために好んで詩を吟じたという。
에도막부 말기의 지사도 그 비분강개를 표현하기 위해 즐겨 시를 읊었다고 한다.

❸ 国民は大いに意気沮喪し、武士たちは歯を食いしばり、腕を扼して悲憤慷慨した。
국민은 크게 의기상실하고 무사들은 이를 악물고 팔을 움켜쥔 채 비분강개했다.

056 〉〉〉 사려분별 [思慮分別]
(しりょふんべつ)

意味
- ⓙ 状況などをよく考慮して決断できる能力
- ⓚ 상황 등을 잘 고려하여 결단할 수 있는 능력

用法 思慮分別는 '思慮分別がある(사려분별이 있다)', '思慮分別を失う(사려분별을 잃다)', '思慮分別を欠く(사려분별을 결하다)'처럼 명사로 사용된다.

例

❶ 政治に関することでは彼は常に思慮分別のある態度だった。
정치에 관한 일에서는 그는 늘 사려 분별이 있는 태도였다.

❷ 芥川賞を貰えなかった怨み辛みが前後の思慮分別を失わせてしまった。
아쿠타가와상을 못 받은 원망과 괴로움이 전후의 사려 분별을 잃게 해 버렸다.

❸ やや暫くの間は思慮分別を失って恍惚うっとりと突っ立ったままになっていた。
아주 잠시 동안은 사려 분별을 잃고 황홀하여 멍하니 선 채로 있었다.

057 〉〉〉 사리사욕　　　[私利私欲] □□□□

意味
- 🇯🇵 自分だけの利益を図ろうとする欲望
- 🇰🇷 자신만의 이익을 꾀하려는 욕망

用法 私利私欲는 '私利私欲に目が眩む(사리사욕에 눈이 멀다)', '私利私欲に走る(사리사욕에 치닫다)'처럼 명사로 사용된다.

例

❶ 当たった大金を私利私欲には使わず、恵まれない子供の就学支援に当てたという。
당첨된 거금을 사리사욕에는 사용하지 않고, 불우한 어린이의 취학 지원에 썼다고 한다.

❷ その多くは私利私欲の事だけ考え、民衆が苦しんでいるかなど考える者はいなかった。
그 대부분은 사리사욕만 생각하고 백성들이 고통받고 있는지 등을 생각하는 자는 없었다.

❸ 私利私欲に走るなどで少しでも評判の悪い代官はすぐに罷免される政治体制になっていた。
사리사욕에 치닫는 등으로 조금이라도 평판이 나쁜 대관들은 곧장 파면되는 정치체제가 되어 있었다.

058 〉〉〉 사면초과 [四面楚歌] □□□□
しめんそか

意味
- �日 四方を敵に囲まれて孤立無援であること
- ㊥ 사방을 적에 둘러싸여 고립무언인 상황

用法 四面楚歌는 '四面楚歌の状況(사면초가의 상황)', '四面楚歌だ/である(사면초가이다)'처럼 명사로 사용된다.

例

❶ 四面楚歌の捜査本部に、意外な方角から途方もない新事実が現れてきた。
사면초가인 수사본부에 뜻밖의 방향에서 엄청난 새로운 사실이 나타났다.

❷ 五里霧中、四面楚歌の状況に変わりはないが、糸口だけは幾つか見えて来た。
오리무중, 사면초가의 상황은 변함이 없지만, 실마리만은 몇몇 보이기 시작했다.

❸ 文字通り、四面楚歌の中にあって、それから二年、彼は手を拱いていたわけではない。
문자 그대로 사면초가 속에 있어도 그 후 2년 그는 수수방관하고 있던 것은 아니다.

059 》》》 사방팔방 [四方八方(しほうはっぽう)]

意味
- 🇯🇵 あらゆる方角(ほうがく)、あたり一面(いちめん)
- 🇰🇷 모든 방향, 주위 전체

用法 四方八方(しほうはっぽう)은 '四方八方(しほうはっぽう)に逃(に)げる(사방팔방으로 도망치다)', '四方八方(しほうはっぽう)に飛(と)ぶ(사방팔방으로 날라가다)'처럼 명사로 사용된다.

例

❶ 私(わたし)は四方八方(しほうはっぽう)に飛(と)び散(ち)ろうとする感情(かんじょう)を辛(から)くも抑(おさ)え、聞(き)いてみた。
나는 사방팔방으로 튀려고 하는 감정을 간신히 억누르고 들어 보았다.

❷ 緑色(みどりいろ)の地域(ちいき)からクモの巣(す)のように黒(くろ)い線(せん)が四方八方(しほうはっぽう)に伸(の)びている。
녹색 지역에서 거미집처럼 검은 선이 사방팔방 뻗어 있다.

❸ 下(した)を見(み)ると、群衆(ぐんしゅう)が四方八方(しほうはっぽう)からその競技場(きょうぎじょう)に群(む)がってくるのが見(み)えた。
아래를 보자 군중이 사방팔방에서 그 경기장에 무리 지어 오는 것이 보였다.

060 〉〉〉 사분오열　　　　[四分五裂] しぶんごれつ □□□□

[意味]
🇯 一つだったものが、いくつかの部分に分かれて、ばらばらになること
🇰 하나였던 것이 몇 개인가 부분으로 나뉘어 흩어지는 것

[用法] 四分五裂(しぶんごれつ)는 '四分五裂の事態(しぶんごれつのじたい)(사분오열의 사태)', '四分五裂する(しぶんごれつする)(사분오열하다)'
처럼 명사나 동사(~する)로 사용된다.

[例]

❶ 個々(ここ)の議員(ぎいん)が多様(たよう)な主張(しゅちょう)を勝手(かって)に繰(く)り返(かえ)す四分五裂(しぶんごれつ)の事態(じたい)となっていた。
개개의 의원이 다양한 주장을 마음대로 반복하는 사분오열의 사태가 되어 있었다.

❷ 急激(きゅうげき)な進路(しんろ)の変更(へんこう)は、国内(こくない)を四分五裂(しぶんごれつ)、同胞相撃(どうほうあいう)つの修羅場(しゅらば)を現出(げんしゅつ)させる。
급격한 진로 변경은 국내를 사분오열, 동족상잔의 아수라장을 드러내게 한다.

❸ 当時(とうじ)の王(おう)は、エジプトの王国(おうこく)が四分五裂(しぶんごれつ)する様(さま)を目(め)にして北方(ほっぽう)への遠征(えんせい)を決意(けつい)した。
당시 왕은 이집트 왕국이 사분오열하는 모습을 보고 북방 원정을 결심했다.

061 》》》 사사오입 [四捨五入] ☐☐☐☐

[意味]

㊐ 計算で、求める桁の次の端数が4以下なら切り捨て、5以上なら切り上げて1とし、求める桁に加える方法

㊗ 계산에서 구하는 자릿수의 다음 끝수가 4 이하라면 잘라버리고, 5 이상이라면 잘라 올려 1로 하여 구하는 자릿수에 더하는 방법

[用法]

四捨五入는 '四捨五入の規則(사사오입의 규칙)', '四捨五入する(사사오입하다)' 처럼 명사나 동사(~する)로 사용된다.

[例]

❶ なお小数点二桁目で四捨五入しているので、合計と合わない部分もある。
더욱이 소수점 두 자리째는 사사오입하고 있어서 합계와 맞지 않는 부분도 있다.

❷ ここでは記録のパーセンテージのうち、小数点以下は四捨五入して掲載している。
여기서는 기록 퍼센티지 안에 소수점 이하는 사사오입하여 게재하고 있다.

❸ このような時間外労働時間の四捨五入や切り捨ては、労働基準法により禁止されている、違法・犯罪行為である。
이와 같은 시간 외 노동시간의 사사오입이나 잘라버림은 노동기준법에 따라 금지되어 있는 위법·범죄행위이다.

062 〉〉〉 사실무근　　　　　　　[事実無根(じじつむてん)] ☐☐☐☐

[意味]
㊐ 全(まった)く事実(じじつ)に基(もと)づいていないこと、根拠(こんきょ)のないこと

㊧ 전혀 사실에 기초하고 있지 않거나 근거가 없음

[用法] 事実無根(じじつむこん)은 '事実無根(じじつむこん)のデマ(사실무근의 헛소문)', '事実無根(じじつむこん)だ/である(사실무근이다)'처럼 명사로 사용된다.

[例]

❶ 事実無根(じじつむこん)の記事(きじ)であっても一度(いちど)新聞(しんぶん)に出(で)た記事(きじ)が持(も)つ意味(いみ)は重(おも)かった。
사실무근의 기사여도 한번 신문에 나온 기사가 갖는 의미는 무거웠다.

❷ 流(なが)れている噂(うわさ)の全(すべ)てが真実(しんじつ)であるとは言(い)えないが、事実無根(じじつむこん)というわけでもない。
퍼지고 있는 소문의 전부가 진실이라고는 할 수 없지만 사실무근인 것도 아니다.

❸ 一般人(いっぱんじん)から多数(たすう)の証言(しょうげん)が主張(しゅちょう)されてきたが、その大半(たいはん)は事実無根(じじつむこん)なものばかりであった。
일반인으로부터 다수의 증언이 주장되어 왔지만, 그 태반은 사실무근인 것뿐이었다.

063 〉〉〉〉 삼라만상　[森羅万象(しんらばんしょう)] ☐☐☐☐

意味
- 🇯 宇宙間に存在する全てのもの
- 🇰 우주 간에 존재하는 모든 것

用法 森羅万象은 '森羅万象の洞察(삼라만상의 통찰)', '森羅万象に比べる(삼라만상에 비교하다)'처럼 명사로 사용된다.

例

❶ 五月雨の降り続く頃になると、森羅万象が緑色に見えることがある。
장맛비가 계속 내릴 무렵이 되면 삼라만상이 녹색으로 보일 때가 있다.

❷ それは宇宙の森羅万象に比べたら、ほんの局限された一部分に過ぎない。
그것은 우주의 삼라만상에 비교하면 그저 국한된 일부분에 지나지 않는다.

❸ 我々に知られている限りで、もっとも確実な知識テストは森羅万象の洞察だ。
우리가 알고 있는 한 가장 확실한 지식 테스트는 삼라만상의 통찰이다.

064 >>> 삼삼오오 [三々五々] さんさんごご □□□□

意味
- 🇯🇵 あちらに三人、こちらに五人と、人が行き交ったり集まっているさま
- 🇰🇷 저쪽으로 3인 이쪽으로 5인, 사람이 지나가거나 모여있는 모습

用法 三々五々는 '三々五々集まる(삼삼오오 모이다)', '三々五々やってくる(삼삼오오 찾아오다)'처럼 명사나 부사로 사용된다.

例

❶ それが解散の合図で、署員たちは三々五々、それぞれの職場に戻る。
그것이 해산 신호로 서 직원들은 삼삼오오 각자의 직장으로 되돌아간다.

❷ 毎晩、夕食が済むと基地の住民たちは三々五々、連れ立ってやって来る。
매일 밤 저녁이 끝나면 기지 주민들은 삼삼오오 함께하여 찾아온다.

❸ それはちょうど結婚披露宴の列席者たちが三々五々集まって来るのと時を同じくしている。
그것은 바로 결혼 피로연 참석자들이 삼삼오오 모여오는 것과 때를 같이 하고 있다.

065 〉〉〉 삼위일체　　[三位一体]　□□□□

意味
- 🇯🇵 三つの異なるものが一つになること、三者が心を合わせること
- 🇰🇷 세 가지 다른 것이 하나가 되는 것, 삼자가 마음을 합치는 것.

用法 三位一体는 '三位一体の教え(삼위일체의 가르침)', '三位一体となる(삼위일체가 되다)'처럼 명사로 사용된다.

例

❶ 当初の作戦では陸海空の三位一体で進攻することになっていた。
당초 작전에서는 육해공의 삼위일체로 진공하기로 되어 있었다.

❷ キリスト教には父なる神と、キリストと、聖霊との三位一体の教えがある。
기독교에는 아버지 하나님과 그리스도와 성령과의 삼위일체의 가르침이 있다.

❸ 以前から知られている宗教の中に、初期の三位一体を探す試みはたくさんあった。
이전부터 알려진 종교 중에 초기 삼위일체를 찾는 시도는 많이 있었다.

066 »»» 상호부조 [相互扶助(そうごふじょ)] □□□□

意味 ㊐ 互(たが)いに助(たす)け合(あ)う協同精神(きょうどうせいしん)のこと

㊛ 서로 돕는 협동 정신

用法 相互扶助(そうごふじょ)는 '相互扶助(そうごふじょ)の制度(せいど)(상호부조 제도)', '相互扶助(そうごふじょ)の精神(せいしん)(상호부조 정신)' 처럼 명사로 사용된다.

例

❶ この会議(かいぎ)で労働者(ろうどうしゃ)の貧困救済(ひんこんきゅうさい)を目的(もくてき)とした相互扶助協会(そうごふじょきょうかい)が設立(せつりつ)された。
이 회의에서 노동자의 빈곤 규제를 목적으로 한 상호부조 협회가 설립되었다.

❷ 日本(にほん)の社会(しゃかい)には、もはや戦前(せんぜん)のような大家族制(だいかぞくせい)による相互扶助(そうごふじょ)の制度(せいど)はなくなっている。
일본 사회에는 이미 전전과 같은 대가족제에 의한 상호부조 제도는 없어졌다.

❸ 商人(しょうにん)には組合組織(くみあいそしき)があって相互扶助(そうごふじょ)が行(おこな)われたが、企業(きぎょう)のような組織(そしき)とはならなかった。
상인에게는 조합조직이 있어 상호부조가 이루어졌지만, 기업과 같은 조직은 되지 않았다.

067 생로병사 [生老病死]

意味
- 🇯🇵 人生において免れ得ない生まれること、老いること、病むこと、死ぬことの四つの苦
- 🇰🇷 인생에서 벗어날 수 없는 태어나고 늙고 병들고 죽는 네 가지 고통

用法 生老病死는 '生老病死の苦しみ・苦痛・運命(생로병사의 고통・운명)'처럼 명사로 사용된다.

例

❶ 仏教の開祖・釈迦は人生の本質は「生老病死」などの「苦」であると説いた。
불교의 창시자 석가는 인생의 본질은 생로병사 등의 고통이라고 설법했다.

❷ 生老病死の諸苦、性格の欠陥、あらゆる失敗、それを十分に噛みしめて見ればそれでいいのだ。
생로병사의 제 고통, 성격의 결함, 모든 실패, 그것을 충분히 음미해 보면 그것으로 충분하다.

❸ 人は生老病死を経験し、その意味を理解することで人生の生き方の転換が起こるともしている。
사람은 생로병사를 경험하고 그 의미를 이해하는 것으로, 인생살이의 전환이 일어난다고도 하고 있다.

068 》》》 생자필멸　[生者必滅] しょうじゃひつめつ ☐☐☐☐

[意味]
- 🇯🇵 無常の世では、生のあるものは必ず死ぬということ
- 🇰🇷 무상한 세상에서 생명이 있는 자는 반드시 죽는다는 것

[用法] 生者必滅는 '生者必滅の法則・人間(생자필멸의 법칙・세상)'처럼 명사로 사용된다.

[例]

❶ 栄枯盛衰、生者必滅とは古い文句であるが、常に新しい意味を持っている。
영고성쇠, 생자필멸이란 오래된 문구이지만 항상 새로운 의미를 지니고 있다.

❷ 全ての希望を失った彼はこの山に登り、生者必滅の曲を奏でながら死んでいった。
모든 희망을 잃은 그는 이 산에 올라 생자필멸의 곡을 연주하며 죽어갔다.

❸ 日本では四字熟語として有名だが、本来は「生者必滅会者定離」で一つの意味をなしている。
일본에서는 사자성어로 유명하지만, 원래는 '생자필멸 회자정리'로 하나의 의미를 이루고 있다.

069 〉〉〉〉 선전포고　　　[宣戦布告 (せんせんふこく)]

[意味]
- ㊐ 相手国(あいてこく)に対(たい)して戦争(せんそう)を開始(かいし)する意思(いし)を表明(ひょうめい)すること
- ㊧ 상대국에 대해 전쟁을 개시한다는 의사 표명

[用法] 宣戦布告(せんせんふこく)는 '宣戦布告が来る(せんせんふこくがくる)(선전포고가 오다)', '宣戦布告する(せんせんふこくする)(선전포고하다)' 처럼 명사나 동사(~する)로 사용된다.

[例]

❶ この宣戦布告(せんせんふこく)にもかかわらず食事(しょくじ)は同(おな)じ時刻(じこく)に一緒(いっしょ)に行(おこな)われた。
이 선전포고에도 불구하고 식사는 같은 시각에 함께 이루어졌다.

❷ 相手(あいて)の出方(でかた)にもよるが、宣戦布告(せんせんふこく)された以上(いじょう)、徹底(てってい)して戦(たたか)う覚悟(かくご)を決(き)めた。
상대의 태도에 따라 다르지만, 선전포고를 당한 이상 철저히 싸울 각오를 다졌다.

❸ 宣戦布告(せんせんふこく)は議会(ぎかい)の権限(けんげん)であり、軍隊(ぐんたい)を募集(ぼしゅう)・編制(へんせい)することも議会(ぎかい)の権限(けんげん)である。
선전포고는 의회의 권한이며 군대를 모집 편제하는 것도 의회의 권한이다.

070 >>> 성심성의 　　　　　　　　　　　　　　　　[誠心誠意]せいしんせいい □□□□

意味
- 🇯🇵 偽(いつわ)りのない心(こころ)、ごまかしのないまじめな心(こころ)
- 🇰🇷 거짓이 없는 진솔한 마음

用法 誠心誠意(せいしんせいい)는 '誠心誠意助(せいしんせいいたす)ける·尽(つ)く(성심성의로 돕다·진력하다)'처럼 명사나 부사로 사용된다.

例

❶ 誠心誠意(せいしんせいい)頼(たの)み込(こ)んだら、こちらの気持(きも)ちも判(わか)ってくれるに違(ちが)いない。
성심성의껏 부탁하면, 이쪽의 기분도 알아 줄 것이 틀림없다.

❷ 人(ひと)は本職(ほんしょく)はいいかげんにやっても、内職(ないしょく)となると誠心誠意(せいしんせいい)、忠実(ちゅうじつ)にやるものだ。
사람은 본업은 적당히 해도 부업이 되면 성심성의 충실하게 하는 법이다.

❸ 誠心誠意(せいしんせいい)サポートしてくれる彼(かれ)に、いつしか私(わたし)は感謝(かんしゃ)以上(いじょう)の感情(かんじょう)を募(つの)らせていった。
성심성의로 서포트해 주는 그에게 어느새 나는 감사 이상의 감정을 더해 갔다.

071 〉〉〉〉 성인군자 　　　[聖人君子]

意味
- 🇯🇵 立派な人徳や優れた知識・教養を身につけた理想的な人物
- 🇰🇷 훌륭한 인덕이나 뛰어난 지식·교양을 지닌 이상적인 인물

用法 聖人君子는 '聖人君子の態度(성인군자의 태도)', '聖人君子のような振る舞い(성인군자와 같은 행동)'처럼 명사로 사용된다.

例

❶ 私は別に聖人君子ではないが、他人にひどい迷惑をかけた覚えもない。
나는 특별히 성인군자가 아니지만 타인에게 심한 폐를 끼친 기억도 없다.

❷ いくら何でも嫌いな相手の立場になって物事を考えられるほどの聖人君子じゃない。
아무리 그래도 싫은 상대 입장이 되어 사안을 생각할 수 있을 정도의 성인군자가 아니다.

❸ 多くの人間は外では聖人君子を気取っていても家に帰ればボロが出るものだ。
많은 인간은 밖에서는 성인군자인 척하고 있어도 집에 돌아가면 약점이 드러나는 법이다.

072 〉〉〉 소강상태　　　　　　　　　　　　　[小康状態] しょうこうじょうたい　□□□□

[意味]
- 🇯 事態がよくなりかけることや病気が少し治まっていること
- 🇰 사태가 조금 잠잠해진 상태

[用法] 小康状態는 '小康状態を得る(소강상태가 되다)', '小康状態が続く(소강상태가 계속 되다)'처럼 명사로 사용된다.

[例]

❶ さきほどの小康状態が嘘だったかのように、容態が急に悪化している。
조금 전의 소강상태가 거짓이었던 것처럼 용태가 급격히 악화하고 있다.

❷ 世界情勢が小康状態の現在は実際に兵器として使用される事例は減少している。
세계 정세가 소강상태인 현재는 실제로 병기로써 사용되는 사례는 감소하고 있다.

❸ 病状はしばらく小康状態が続き、また見舞い客と元気に喋れるような日が増えた。
병세는 잠시 소강상태가 이어져 다시 문병 오는 손님과 건강하게 말할 수 있는 그런 날이 늘었다.

073 >>> 속전속결 [速戦即決]

[意味]
- 🇯🇵 決戦によって即座に勝敗を決すること、一気に勝負の決着をつけること
- 🇰🇷 싸움을 오래 끌지 않고 빨리 승부를 결정함

[用法] 速戦即決는 '速戦即決の勝負(속전속결의 승부)', '速戦即決に出す(속전속결로 나오다)'처럼 명사로 사용된다.

[例]

❶ 敵地での合戦は速戦即決がよく、長陣になると不利であることを知っている。
적지에서의 대전은 속전속결이 좋아, 오래 끌면 불리하다는 것을 알고 있다.

❷ それが完成すれば、米国に対しては速戦即決ならば勝利を得る見込みがある。
그것이 완성되면 미국에 대해서는 속전속결이면 승리를 얻을 가능성이 있다.

❸ 預金、融資、運用、国際各部門を股に掛けて、その場その場で速戦即決のビジネスをやる。
예금, 융자, 운용, 국제 각 부문을 두루 돌며 그때그때 속전속결의 비즈니스를 한다.

074 ≫ 수미일관　　[首尾一貫] しゅびいっかん □□□□

[意味]
- 🇯🇵 始めと終わりが一貫していること
- 🇰🇷 처음과 끝이 일관되어 있는 것

[用法] 首尾一貫(しゅびいっかん)은 '首尾一貫の態度(수미일관의 태도)', '首尾一貫する(수미일관되다)' 처럼 명사나 동사(~する)로 사용된다.

[例]

❶ 我々(われわれ)は問題(もんだい)を首尾一貫(しゅびいっかん)した形(かたち)で定式化(ていしきか)することさえできていない。
우리는 문제를 수미 일관된 형태로 정식화할 수조차 없다.

❷ 言(い)うこととやることが首尾一貫(しゅびいっかん)しないのは知識人(ちしきじん)だけの通弊(つうへい)ではない。
말하는 것과 행동하는 것이 수미 일관되지 않는 것은 지식인만의 공통된 폐해가 아니다.

❸ それが首尾一貫(しゅびいっかん)した形(かたち)で登場(とうじょう)するために不可欠(ふかけつ)な条件(じょうけん)は以下(いか)である。
그것이 수미 일관된 형태로 등장하기 위해서 불가결한 조건은 이하이다.

075 〉〉〉 시시각각 [時々刻々] じじこっこく

[意味]
- ⓙ その時その時、物事が引き続いて起こること
- ⓚ 그때그때, 일이 이어서 일어나는 것

[用法] 時々刻々는 '時々刻々の位置(시시각각의 위치)', '時々刻々に変化する(시시각각으로 변화하다)', '時々刻々と変わる(시시각각으로 바뀌다)'처럼 명사나 부사로 사용된다.

[例]

❶ つまり、粒子の運動を表すことは時々刻々の位置を追うことである。
요컨대 입자 운동을 나타내는 것은 시시각각의 위치를 쫓는 것이다.

❷ 我々の世界が時々刻々に変化しているのに照らしてもこの事は実に確信できる。
우리들의 세계가 시시각각으로 변화하고 있는 것에 비춰도 이 일은 정말로 확신할 수 있다.

❸ これは時々刻々に変化するから、一度それが貼られた場所を記憶しておくだけではいけない。
이것은 시시각각으로 변화하기 때문에, 한번 그것이 붙여진 장소를 기억해 두는 것만으로는 안 된다.

076 〉〉〉 시시비비 [是々非々]

意味
- ㊐ よいことはよい、悪いことは悪いとして公平な判断を下すこと
- ㊷ 좋은 것은 좋고 나쁜 것은 나쁘다고 하여 공평한 판단을 내리는 것

用法 是々非々는 '是々非々の立場(시시비비의 입장)', '是々非々を見分ける(시시비비를 가리다)'처럼 명사로 사용된다.

例

❶ 今後は、政権に是々非々の立場で対応していく方針を表明した。
향후는 정권에 시시비비의 입장으로 대응해 나갈 방침을 표명했다.

❷ 共産党も初期には是々非々の立場を取っていたが、次第に対決姿勢を強めた。
공산당도 초기에는 시시비비의 입장을 취했었는데, 점차 대결 자세를 강화했다.

❸ ジャーナリストの役割は権力監視ではない、是々非々で行うべきだと主張している。
저널리스트의 역할은 권력 감시가 아니라 시시비비로 행해야 한다고 주장하고 있다.

077 >>> 신변잡기 [身辺雑記]

意味
- ⓙ 自分の身の回りで起きたことを取り留めもなく書きつけることや書きつけたもの
- ⓚ 자신의 신변에서 일어난 일을 두서없이 쓰거나 쓴 것

用法 身辺雑記는 '身辺雑記を書く(신변잡기를 쓰다)'처럼 명사로 사용된다.

例

❶ 誰も、名も知らない人の作文や身辺雑記や印象に興味を持つ筈はない。
아무도 이름도 모르는 사람의 작문이나 신변잡기나 인상에 흥미를 가질 리는 없다

❷ 情痴小説、恋愛小説、それから身辺雑記的小説を書くことに、私は興味をもたない。
치정소설, 연애소설, 그리고 신변잡기적 소설을 쓰는 것에 나는 흥미를 갖지 않는다.

❸ その後、短編やイラストを雑誌に寄稿しながら、ブログで身辺雑記を綴り話題になる。
그 후 단편과 일러스트를 잡지에 기고하면서 블로그에서 신변잡기를 엮어 화제가 된다.

078 >>> 신사협정 [紳士協定]

意味
- 🇯🇵 正式な手続きは踏まないが、互いに相手を信頼して結ぶ取り決め
- 🇰🇷 정식절차는 밟지 않지만, 서로 신뢰하여 맺는 약속

用法 紳士協定는 '紳士協定だ/である(신사 협정이다)', '紳士協定を結ぶ(신사 협정을 맺다)'처럼 명사로 사용된다. '紳士協約(신사 협약)'이라고도 한다.

例

❶ 日本側の一方的な譲歩を示す紳士協定は不要となり、即時に破棄された。
일본 측이 일방적인 양보를 보이는 신사 협정은 불필요해져 즉시 파기되었다.

❷ 法的拘束力のない紳士協定であるが、これまで一定の役割を果たしてきた。
법적 구속력은 없는 신사 협정이지만, 지금까지 일정한 역할을 다해 왔다.

❸ 結局、この問題は大きな面倒にはならず、紳士協定という点で了解が成立した。
결국 이 문제는 큰 어려움 없이 신사 협정이라는 점에서 양해가 성립되었다.

079 〉〉〉 신상필벌 [信賞必罰]

意味
- 🇯🇵 功績のあった者には必ず賞を与え、罪を犯した者は必ず罰すること
- 🇰🇷 공이 있는 자에게는 반드시 상을 주고 죄를 저지른 자는 반드시 벌함

用法 信賞必罰는 '信賞必罰の人事(신상필벌의 인사)', '信賞必罰が重要だ(신상필벌이 중요하다)'처럼 명사로 사용된다.

例

❶ 経営手法は、徹底した「コスト削減」と「信賞必罰人事」を軸とした。
경영 수법은 철저한 코스트 삭감과 신상필벌 인사를 축으로 했다.

❷ 信賞必罰を徹底して民は安堵し、官吏は恐れ、郡県の紀律は正された。
신상필벌을 철저히 하여 민중은 안도하고 관리는 두려워하여 군현의 기율은 바로잡혔다.

❸ 多数の上に立つ者にとって信賞必罰は最も肝要なことで、これが厳重でない限り、外にどんな美徳があっても人を統制することはできない。
다수의 위에 서는 자에 있어서 신상필벌은 가장 중요한 것으로, 이것이 엄중하지 않는 한, 달리 어떤 미덕이 있어도 사람을 통제할 수는 없다.

080 >>> 신출귀몰 [神出鬼没]

意味
- 🇯 鬼神のように自由自在に出没し、その所在が容易に分からないこと
- 🇰 귀신처럼 자유자재로 출몰하여 그 소재를 쉽게 알 수 없는 것

用法 神出鬼没은 '神出鬼没の戦略・活躍(신출귀몰의 전략・활약)', '神出鬼没する(신출귀몰하다)'처럼 명사나 동사(~する)로 사용된다.

例

❶ 彼は当局の追求を巧みに逃れ、まさに神出鬼没の活躍を示していた。
그는 당국의 추궁을 교묘히 피해, 그야말로 신출귀몰의 활약을 보이고 있었다.

❷ 彼は神出鬼没で、現れたと思いきや、すぐまた不意にいなくなってしまう。
그는 신출귀몰해서 나타났다고 생각하면 곧 또 갑자기 사라져 버린다.

❸ 政府軍は神出鬼没のゲリラたちに翻弄され本来の戦力を発揮できなかった。
정부군은 신출귀몰한 게릴라들에게 농락당해 제 전력을 발휘하지 못했다.

081 〉〉〉 심기일전 [心機一転]

意味
- ⓐ あることを契機にして気持ちがすっかり変わること
- ⓗ 어떤 일을 계기로 마음이 완전히 바뀌는 것

用法 心機一転은 '心機一転の契機(심기일전의 계기)', '心機一転する(심기일전하다)' 처럼 명사나 동사(~する)로 사용된다.

例

❶ それを聞いたら彼が心機一転するかもしれない、などと吹聴していた。
그 말을 들으면 그가 심기일전할지도 모른다는 등으로 선전하고 있었다.

❷ 改名は怪我続きだったそれまでの選手人生からの心機一転を図ったものだという。
개명은 부상의 연속이었던 그때까지의 선수 인생으로부터의 심기일전을 도모한 것이라고 한다.

❸ 退社の理由は自分のプライベートや気持ちの変化、現状打破と活動の心機一転としている。
퇴사 이유는 자신의 사생활이나 기분의 변화, 현상 타파와 활동의 심기일전으로 들고 있다.

082 >>> 심산유곡 [深山幽谷]  □□□□

[意味]
- 🇯🇵 ほとんど人が入っていないような奥深く静かな大自然のこと
- 🇰🇷 사람이 들어오지 않는 깊고 조용한 대자연

[用法] 深山幽谷은 '深山幽谷だ/である(심산유곡이다)', '深山幽谷に漂う(심산유곡에 떠돌다)'처럼 명사로 사용된다.

[例]

❶ 知らない間に、道は深山幽谷ともいうべき一郭に入っている。
모르는 사이에 길은 심산유곡이라고도 해야 할 일곽에 들어서 있다.

❷ その凄絶な美貌と深山幽谷に漂う霧のような雰囲気に気圧されていた。
그 처절한 미모와 심산유곡에 떠도는 안개 같은 분위기에 압도되어 있었다.

❸ 深山幽谷と形容される美しいこの場所で端渓硯の原石が掘り出される。
심산유곡으로 형용되는 아름다운 이곳에서 단계 벼루의 원석이 채굴된다.

083 십자포화 [十字砲火]

[意味]
- 🇯🇵 左右から十字に交差するように激しく飛び交う砲火
- 🇰🇷 좌우에서 십자로 교차하듯이 심하게 날아드는 포화

[用法] 十字砲火는 '十字砲火を浴びる(십자포화를 맞다)', '十字砲火の中(십자포화 속)' 처럼 명사로 사용된다.

[例]

❶ 必ず誰かが話しかけてきて、たちまち、みんなの質問の十字砲火を浴びる。
반드시 누군가가 말을 걸어와 순식간에 모두의 질문의 십자포화를 맞는다.

❷ いなずまの十字砲火の中で、森は炎をあげて燃えさかっているようにみえた。
번개와 같은 십자포화 속에서 숲은 불길을 일으키며 활활 타오르는 것처럼 보였다.

❸ 丘に辿り着いた部隊は、激しい敵軍の十字砲火を浴びて、後退を余儀なくされた。
언덕에 당도한 부대는 격렬한 적군의 십자포화를 맞고 후퇴해야 했다.

084 >>> 십중팔구 [十中八九] じっじゅうはっく

意味
- 🇯🇵 十の内の八か九
- 🇰🇷 열 개 중의 여덟이나 아홉

用法 十中八九는 '十中八九は成功する(십중팔구는 성공한다)', '十中八九落ちる(십중팔구 떨어진다)'처럼 명사나 부사로 사용된다.

例

❶ ここで興味のあるのは、この計画の十中八九が未遂に終わっている点だ。
여기서 흥미로운 것은 이 계획의 십중팔구가 미수에 그치고 있는 점이다.

❷ 事情を知らない人間が側から見れば、十中八九立場を読み違えるだろう。
사정을 모르는 인간이 옆에서 보면 십중팔구 입장을 잘못 읽을 것이다.

❸ 今ごろ顔を出しても十中八九骨折り損だろうが、おれには万に一つの希望があった。
지금쯤 얼굴을 내밀어도 십중팔구 헛수고이겠지만, 나에게는 만에 하나의 희망이 있었다.

085 아비규환 [阿鼻叫喚]

意味
- 🇯🇵 悲惨な状況に陥って泣き叫ぶこと(阿鼻地獄, 叫喚地獄)
- 🇰🇷 비참한 상황에 빠져 울부짖어 외치는 것, 지옥과 같은 처참한 상황

用法 阿鼻叫喚은 '阿鼻叫喚の現場(아비규환의 현장)', '阿鼻叫喚である(아비규환이다)' 처럼 명사로 사용된다.

例

❶ 静寂に覆われていた一帯は、突然阿鼻叫喚の戦場へと変貌した。
정적에 쌓여 있던 일대는 갑자기 아비규환의 전장으로 변모했다.

❷ 阿鼻叫喚の中で、途方もない大殺戮と落花狼藉が一時間以上続いた。
아비규환 속에서 어처구니없는 대살육과 낙화 낭자가 한 시간 이상 계속되었다.

❸ 阿鼻叫喚に近い歓声が、市民の間に上がったのは一瞬のことであった。
아비규환에 가까운 환성이 시민들 사이에서 터져 나온 것은 한순간의 일이었다.

086 >>> 아전인수 [我田引水(がでんいんすい)]

意味
- 🇯 自分(じぶん)の田(た)にだけ水(みず)を引(ひ)く意(い)から自分(じぶん)の有利(ゆうり)になるように取(と)り計(はか)らうこと
- 🇰 자신의 논에만 물을 끌어들인다는 의미에서 자신에게 유리하도록 처리함

用法 我田引水(がでんいんすい)는 '我田引水(がでんいんすい)に解釈(かいしゃく)する(아전인수로 해석하다)', '我田引水(がでんいんすい)の態度(たいど)(아전인수 태도)', '我田引水式(がでんいんすいしき)の態度(たいど)(아전인수식 태도)'처럼 명사로 사용된다.

例

❶ どちらにしろ自分(じぶん)たち銘々(めいめい)に都合(つごう)のいい我田引水式(がでんいんすいしき)の解釈(かいしゃく)だ。
어쨌든 자신들 각자에게 유리한 아전인수식의 해석이다.

❷ 我田引水(がでんいんすい)の姿勢(しせい)で読(よ)めば、この部分(ぶぶん)は大変納得(たいへんなっとく)のいくものであった。
아전인수의 자세로 읽으면 이 부분은 아주 납득이 가는 것이었다.

❸ 人(ひと)というのはある物事(ものごと)を妄信(もうしん)してしまうとなんでも我田引水(がでんいんすい)に解釈(かいしゃく)してしまう傾向(けいこう)がある。
사람이란 어떤 사물을 맹신해버리면 무엇이든 아전인수로 해석해 버리는 경향이 있다.

087 악전고투 [悪戦苦闘]

[意味]
- 苦しい戦いをすることや困難な状況の中で苦しみながら努力すること
- 괴롭고 힘든 전투나 곤란한 상황 속에서 힘들어하면서 하는 분발

[用法] 悪戦苦闘는 '悪戦苦闘の末(악전고투 끝)', '悪戦苦闘する(악전고투하다)'처럼, 명사나 동사(〜する)로 사용된다.

[例]

❶ 悪戦苦闘の末、恐竜関係の作業が完了したのは七月に入ってからだった。
악전고투 끝에 공룡 관계 작업이 완료한 것은 7월이 들어서고 나서였다.

❷ 農夫は朝からの悪戦苦闘で泥まみれになっているが、まるで気にしていない。
농부는 아침부터의 악전고투로 진흙투성이가 되어 있지만, 전혀 신경 쓰지 않고 있다.

❸ 健康管理をしながら教育や演奏活動を続けられるように悪戦苦闘を重ねていた。
건강관리를 하면서 교육이나 연주 활동을 계속할 수 있도록 악전고투를 거듭하고 있었다.

088 >>> 암중모색 [暗中模索]

意味
- 🇯🇵 手がかりがないままに、色々と打開策を試みること
- 🇰🇷 어둠 속에서 무언가를 모색함, 단서가 없는 채 여러 타개책을 시도함

用法 暗中模索는 '暗中模索の段階(암중모색의 단계)', '暗中模索する(암중모색하다)' 처럼 명사나 동사(~する)로 사용된다.

例

❶ 一方、研究の方もこの頃ようやく暗中模索の域を脱することができた。
한편 연구 쪽도 그 무렵 드디어 암중모색의 영역을 벗어날 수가 있었다.

❷ ところが、ここで係長の暗中模索に、やがて一つの光が与えられた。
그런데 여기서 계장의 암중모색에 이윽고 한 줄기의 빛이 비쳤다.

❸ 彼らはほとんど知られていない敵を相手に、暗中模索の闘いを続けている。
그들은 거의 알려져 있지 않은 적을 상대로 암중모색의 싸움을 계속하고 있다.

089 >>> 애매모호 [曖昧模糊]

意味
- 🇯🇵 物事があやふやではっきりしないさま
- 🇰🇷 사물이 흐리고 확실하지 않은 모습

用法 曖昧模糊는 '曖昧模糊とした言い方(애매모호한 말)', '曖昧模糊たる態度(애매모호한 태도)'처럼 명사나 형용동사(~とする, ~たる)로 사용된다. '曖昧'와 '模糊'가 합쳐진 단어여서 둘은 단독으로 사용되는데, '曖昧'는 '曖昧だ/な/で/に'로 '模糊'는 '模糊とする, 模糊たる'로 사용된다.

例

❶ 政治家個人や政党の派閥に入った金はその金額も曖昧模糊としている。
정치가 개인이나 정당의 파벌로 들어간 돈은 그 금액도 애매모호하다.

❷ 普通の平凡な人間と性格異常、精神病との境界は曖昧模糊としている。
보통의 평범한 인간과 성격이상, 정신병과의 경계는 애매모호하다.

❸ その血を承け継いだ彼についての曖昧模糊たる噂の全てが関心事となった。
그 피를 이어받은 그에 대한 애매모호한 소문 전체가 관심사가 되었다.

090 >>>> 약육강식 　　　　　　　　　[弱肉強食(じゃくにくきょうしょく)]　□□□□

意味
- 🇯🇵 弱(よわ)いものが強(つよ)いものの餌食(えじき)となること
- 🇰🇷 약한 자가 강한 자의 먹이가 됨

用法 弱肉強食(じゃくにくきょうしょく)는 '弱肉強食(じゃくにくきょうしょく)の世界(せかい)・社会(しゃかい)(약육강식의 세계·사회)'처럼 명사로 사용된다.

例

❶ 文明(ぶんめい)を失(うしな)った人類(じんるい)は弱肉強食(じゃくにくきょうしょく)の世界(せかい)でグループを作(つく)り細々(ほそぼそ)と生(い)きていた。
문명을 잃은 인류는 약육강식의 세계에서 그룹을 만들어 근근이 살고 있었다.

❷ 子供(こども)の世界(せかい)は純真(じゅんしん)という仮面(かめん)の下(した)に、弱肉強食(じゃくにくきょうしょく)の残酷(ざんこく)な無法社会(むほうしゃかい)がある。
아이들의 세계는 순진이라는 가면 아래 약육강식의 잔혹한 무법 사회가 있다.

❸ 強(つよ)い者(もの)が弱(よわ)い者(もの)を支配(しはい)する弱肉強食(じゃくにくきょうしょく)の社会(しゃかい)で頂点(ちょうてん)に立(た)つ者(もの)は修羅王(しゅらおう)と呼(よ)ばれている。
강한 자가 약한 자를 지배하는 약육강식의 사회에서 정점에 서는 자는 수라왕이라 불리고 있다.

091 〉〉〉〉 양두구육　　[羊頭狗肉]　□□□□

[意味]
㊐ 羊の頭を看板にかけながら実際は犬の肉を売る意から見かけや表面と実際・実質とが一致しないたとえ

㊨ 양 머리를 간판으로 걸고 실제는 개고기를 판다는 의미에서 겉과 실제가 다른 것

[用法] 羊頭狗肉는 '羊頭狗肉である(양두구육이다)', '羊頭狗肉と同じだ(양두구육과 같다)'처럼 명사로 사용된다.

[例]

❶ 羊頭狗肉も甚だしいではないかと血相を変えても後の祭りだ。
양두구육도 정도가 심한 게 아니냐며 얼굴빛을 붉혀봤자 이미 때는 늦었다.

❷ オバケ屋敷が不気味じゃなかったら羊頭狗肉もいいところである。
도깨비집이 섬뜩하지 않다면 양두구육도 괜찮다

❸ このことが牛頭馬肉の言葉を生み、後に変化して故事成語の羊頭狗肉になる。
이것이 우두마육의 말을 낳고 나중에 변화하여 고사성어 양두구육이 된다.

092 〉〉〉 언어도단　　　[言語道断] ごんごどうだん □□□□

意味
- ⓐ 言葉に表せないほどあまりにひどいこと
- ⓗ 말로 표현할 수 없는 정도로 매우 심함

用法　言語道断은 '言語道断の行い(언어도단의 행동)', '言語道断である(언어도단이다)'
처럼 명사로 사용된다.

例

❶ 言語道断な仕打ちで男は彼女を船の中に座らせた。
언어도단의 방법으로 남자는 그녀를 배 안에 앉게 했다.

❷ 正気の心を持った者にして彼のような行動を執ると考えるのは言語道断である。
제정신을 가진 자로서 그와 같은 행동을 취한다고 생각하는 것은 언어도단이다.

❸ 実際の人物はよく知らないが、噂によれば言語道断のズボラもので、時間の観念など全くない人のようだ。
실제 인물은 잘 모르지만, 소문에 의하면 언어도단의 엉터리로 시간개념 따위 전혀 없는 사람인 것 같다.

093 >>> 엄호사격 [掩護射撃]

意味
- ㊐ 敵の攻撃から庇い守るための射撃
- ㉭ 적의 공격으로부터 보호하고 지키기 위한 사격

用法 掩護射撃은 '掩護射撃をする(엄호사격을 하다)'처럼 명사로 사용된다.

例

❶ 進撃が始まれば上陸部隊の掩護射撃をしようと待ちかまえていた。
진격이 시작되면 상륙부대의 엄호사격을 하려고 대기하고 있었다.

❷ これじゃ、監察官が何か言い出した時の掩護射撃は期待できそうにない。
이것으로는 경찰관이 무언가 말을 꺼냈을 때의 엄호사격은 기대할 수 있을 것 같지 않다.

❸ 大隊はこの時はじめて支隊本部に砲兵の掩護射撃を要求したが、砲兵は既に弾薬がなくなっていた。
부대는 이때 처음으로 지대 본부에 포병의 엄호사격을 요구했지만, 포병은 이미 탄약이 떨어져 있었다.

094 >>> 연전연승 [連戦連勝]
れんせんれんしょう

意味
- 🇯 続けて戦い、続けて勝つこと
- 🇰 계속 싸워 계속 이기는 것

用法 連戦連勝는 '連戦連勝のチーム(연전연승의 팀)', '連戦連勝だ/である(연전연승이다)'처럼 명사로 사용된다.

例

❶ その後も政府軍は、負け戦を知らないかのように、連戦連勝を続ける。
이후에도 정부군은 패전을 모르는 듯 연전연승을 이어간다.

❷ 日本の今日の悲劇だって、連戦連勝、敗北を知らぬ歴史の生んだ禍根だ。
일본의 오늘날의 비극도 연전연승, 패배를 모르는 역사가 낳은 화근이다.

❸ 連戦連勝の凱歌が、ひたすらに拍車をかけてきた国民全般の感情なのである。
연전연승의 개가가 줄곧 박차를 가해온 국민 전반의 감정인 것이다.

095 〉〉〉 영고성쇠　　　[榮枯盛衰] えいこせいすい　□□□□

意味　㊐ 栄えることと衰えること

　　　　㋓ 흥하는 것과 쇠하는 것

用法　栄枯盛衰는 '栄枯盛衰の理(영고성쇠의 이치)', '栄枯盛衰を繰り返す(영고성쇠를 반복하다)'처럼 명사로 사용된다.

例

❶ 彼女を伝説的な美女から人生の栄枯盛衰を経た一人の女性に変えた。
그녀를 전설적인 미녀에서 인생의 영고성쇠를 거친 한 여성으로 바꾸었다.

❷ この老人は世の移り変わりを見てきたので、栄枯盛衰の道理を弁えていた。
이 노인은 세상의 변화를 보아 와서 영고성쇠의 도리를 분간하고 있었다.

❸ アラビア半島の他の諸国が栄枯盛衰を繰り返す中でこの国だけは繁栄が続いた。
아라비아반도의 타 제국이 영고성쇠를 반복하는 가운데 이 나라만은 번영이 이어졌다.

096 >>> 오리무중 [五里霧中(ご り む ちゅう)]

[意味]
- 🇯🇵 どうすべきかの判断(はんだん)に迷(まよ)い方針(ほうしん)や見込(みこ)みが全(まった)く立(た)たないこと
- 🇰🇷 어찌해야 할지의 판단을 하지 못해 방침이나 전망이 전혀 없음

[用法] 五里霧中(ご り む ちゅう)는 '五里霧中(ご り む ちゅう)だ/である(오리무중이다)'처럼 명사로 사용된다.

[例]

❶ 何(なん)らかの当(あ)てがあるわけではなく、まったくの五里霧中(ご り む ちゅう)の研究(けんきゅう)であった。
어떤 목적이 있는 것이 아니고, 완전한 오리무중의 연구였다.

❷ 詳(くわ)しいことは五里霧中(ご り む ちゅう)だったが、おれは頭(あたま)を悩(なや)ますより早(はや)く行動(こうどう)に移(うつ)った。
자세한 것은 오리무중이었지만, 나는 머리를 아파하기보다 빨리 행동에 옮겼다.

❸ 初(はじ)めの計画(けいかく)の二週間(にしゅうかん)は過(す)ぎたが、事件(じけん)は依然(いぜん)として五里霧中(ご り む ちゅう)の内(うち)にあった。
처음 계획의 2주일은 지났지만, 사건은 여전히 오리무중 속에 있었다.

097 >>> 오장육부   [五臓六腑(ごぞうろっぷ)]

意味
- 🇯🇵 漢方(かんぽう)で心臓(しんぞう)・肝臓(かんぞう)・肺臓(はいぞう)・腎臓(じんぞう)・脾臓(ひぞう)の五臓(ごぞう)と大腸(だいちょう)・小腸(しょうちょう)・胃(い)・胆(たん)・膀胱(ぼうこう)・三焦(さんしょう)の六腑(ろっぷ), 体内(たいない), 腹(はら)の中(なか)
- 🇰🇷 한방에서 심장·간장·폐장·신장·비장의 오장과, 대장·소장·위·담(쓸개)·방광·삼초의 육부. 뱃속

用法
五臓六腑(ごぞうろっぷ)는 '五臓六腑(ごぞうろっぷ)が蕩(とろ)ける(오장육부가 녹다)'처럼 명사로 사용된다.

例

❶ 漢方医(かんぽうい)による五臓六腑説(ごぞうろっぷせつ)など、身体機能認識(しんたいきのうにんしき)の誤謬(ごびゅう)を指摘(してき)した。
한의사에 의한 오장육부설 등 신체기능 인식의 오류를 지적했다.

❷ 腹(はら)の立(た)つほど厚(あつ)かましいその言葉(ことば)に、五臓六腑(ごぞうろっぷ)は蕩(とろ)けて行(い)くようであった。
화가 날 정도로 뻔뻔한 그 말에 오장육부가 녹아가는 듯했다.

❸ 口(くち)をつけると上燗(じょうかん)に出来上(できあ)がっている酒(さけ)の香(かお)りが、五臓六腑(ごぞうろっぷ)に染(し)み渡(わた)る。
입을 대자 알맞게 잘 데워진 술 향기가 오장육부에 스며들었다.

098 >>> 온고지신　[温故知新]

[意味]
- 🇯🇵 昔のことをよく学び、そこから新しい考え方や知識を得ること
- 🇰🇷 옛것을 잘 익혀 새로운 생각이나 지식을 얻는 것

[用法] 温故知新은 '温故知新を掲げる(온고지신을 내걸다)', '温故知新の概念(온고지신의 개념)'처럼 명사로 사용된다.

[例]

❶ 部門のキーワードとして温故知新を掲げ、最新のアニメに加えて、回顧上映も行う。
부문의 키워드로서 온고지신을 내걸고 최신 애니메이션에 더해 회고 상영도 한다.

❷ 温故知新ともいうように、歴史を学ぶことの意味は未来への展望を得ることでもあろう。
온고지신이라고도 하듯이 역사를 배우는 일의 의미는 미래에 대한 전망을 얻는 것이기도 할 것이다.

❸ 世代の違う二組の芸人がガップリと向き合いながら、温故知新をキーワードに京都を散策する。
세대가 다른 두 조의 예능인이 온전히 마주하면서 온고지신을 키워드로 쿄오또를 산책한다.

099 〉〉〉 와신상담 [臥薪嘗胆] がしんしょうたん □□□□

[意味]
㊐ 敵を討つために、また大きな目的を果たすために長い間の試練に耐え、苦労すること

㈔ 적을 이기고 큰 목적을 달성하기 위해서 오랜 기간 시련을 참고 고생함

[用法] 臥薪嘗胆은 '臥薪嘗胆の姿勢(와신상담의 자세)', '臥薪嘗胆する(와신상담하다)'처럼 명사나 동사(~する)로 사용된다.

[例]

❶ 先生は臥薪嘗胆の思いをして復讐の苦心をしていた。
선생님은 와신상담의 마음으로 복수에 고심하고 있었다.

❷ 長年の間、培われて来た臥薪嘗胆の対抗意識が頭を擡げて来た。
오랜 기간 길러져 온 와신상담의 대항 의식이 머리를 들기 시작했다.

❸ 臥薪嘗胆は復讐を成功させるために苦労に耐えるという意味を持つ中国の故事成語である。
와신상담은 복수를 성공시키기 위해 고생을 참는다는 의미를 갖는 중국의 고사성어이다.

100 〉〉〉 용두사미 [竜頭蛇尾] りゅう とう だ び ☐☐☐☐

意味
- ⓙ 始めは威勢がよいが、終わりには全く勢いがなくなること
- ⓚ 시작은 위세가 좋은데 마지막에는 전혀 기세가 없어지는 것

用法 竜頭蛇尾는 '竜頭蛇尾に終わる(용두사미로 끝나다)'처럼 명사로 사용된다.

例

❶ これ以上索しても、つまらない竜頭蛇尾に終わりそうな感じがした。
더 이상 찾아봐도 별것 없는 용두사미로 끝날 것 같은 느낌이 들었다.

❷ 計画は竜頭蛇尾に終わってしまったが、この数ヵ月、実に楽しかった。
계획은 용두사미로 끝나버렸지만, 최근 몇 달 정말 즐거웠다.

❸ 結果を見ると、この船団輸送は作戦全体として竜頭蛇尾の感がある。
결과를 보면 이 선단 수송은 작전 전체로 용두사미의 느낌이 있다.

101 »» 용의주도 [用意周到]

意味
- 心遣いが隅々まで行き届いて、準備に手抜かりがないさま
- 마음 씀이 구석구석까지 미쳐 준비에 실수가 없는 것

用法 用意周到는 '用意周到である(용의주도하다)', '用意周到さ(용의주도함)', '用意周到な人(용의주도한 사람)'처럼 명사나 형용동사로 사용된다.

例

❶ その時初めて、私は亡父の用意周到さに舌をまいて驚嘆した。
그때 처음 나는 선친의 용의주도함에 혀를 내두르며 경탄했다.

❷ 両者ともこの戦争を決定的に終結させるべく用意周到に準備をしていた。
양자 모두 이 전쟁을 결정적으로 종결시키기 위해 용의주도하게 준비를 하고 있었다.

❸ 犯人が死んだため、詳細は不明であるが、用意周到に計画された犯行とされる。
범인이 죽었기 때문에 상세한 것은 불명이지만, 용의주도하게 계획된 범행으로 여겨진다.

102 》》》 우왕좌왕　　　　　　　　　　[右往左往]

意味
- ㊐ 混乱し狼狽えて右に行ったり左に行ったりすること
- ㊩ 혼란하고 당황하여 오른쪽으로 갔다 왼쪽으로 가는 것

用法 右往左往는 '右往左往する(우왕좌왕하)'처럼 명사나 동사(~する)로 사용된다. '右往左往'로도 읽으며 '左往右往'라고도 한다.

例

❶ 私はその度に右往左往する彼女に腹を立てないわけにはいかなかった。
나는 그때마다 우왕좌왕하는 그녀에게 화를 내지 않을 수 없었다.

❷ 右往左往せず冷静に事態に対応したいという気持ちも持っている。
우왕좌왕하지 않고 냉정하게 사태에 대응하고자 하는 마음도 가지고 있다.

❸ 関係者たちはそれぞれ事実確認のために右往左往しなければならなかった。
관계자들은 각자 사실확인을 위해 우왕좌왕해야 했다.

❸ 敵の陣営を見ると、度を失って右往左往するだけで、まるで防戦の意志を失っているようだ。
적 진영을 보면 도를 잃고 우왕좌왕할 뿐으로 마치 방어 의지를 잃고 있는 듯했다.

103 >>> 우유부단 [優柔不斷]

[意味]
- 🇯🇵 ぐずぐずして物事の決断が鈍いこと
- 🇰🇷 꾸물거리며 일의 결단이 느린 것

[用法] 優柔不断은 '優柔不断だ/である(우유부단하다)', '優柔不断な態度·性格(우유부단한 태도·성격)', '優柔不断さ(우유부단함)'처럼 명사나 형용동사로 사용된다.

[例]

❶ 彼女は自分の力では何も決められない優柔不断な性格だった。
그녀는 자신의 힘으로는 아무것도 결정하지 못하는 우유부단한 성격이었다.

彼は性格的に優柔不断なところがあり、自分の意見を強く述べない。
그는 성격적으로 우유부단한 데가 있어 자신의 의견을 강하게 말하지 않는다.

❷ そこには優柔不断さと、約束の内容に関する、かすかな恐れが見られた。
거기에는 우유부단함과 약속 내용에 관한 어렴풋한 두려움이 보였다.

❸ この男の優柔不断のせいで、私は考えなくてもいいことまで考えているのだ。
이 남자의 우유부단 탓에 나는 생각하지 않아도 될 일까지 생각하고 있는 것이다.

104 〉〉〉 욱일승천　[旭日昇天(きょくじつしょうてん)] □□□□

[意味]

🇯🇵 朝日(あさひ)が勢(いきお)いよく天空(てんくう)に昇(のぼ)る意(い)から勢(いきお)いが極(きわ)めて盛(さか)んなこと

🇰🇷 아침 해가 기세 좋게 하늘로 솟아오르는 의미에서 기세가 매우 좋은 것

[用法] 旭日昇天(きょくじつしょうてん)는 '旭日昇天(きょくじつしょうてん)の業界(ぎょうかい)・勢(いきお)い(욱일승천의 업계・기세)'처럼 명사로 사용된다.

[例]

❶ それからの彼女(かのじょ)のキャリアは文字通(もじどお)り旭日昇天(きょくじつしょうてん)の勢(いきお)いであった。
그로부터 그녀의 캐리어는 문자 그대로 욱일승천의 기세였다.

❷ その頃(ころ)の僕(ぼく)は新進作家(しんしんさっか)として旭日昇天(きょくじつしょうてん)の形(かたち)で、世(よ)の中(なか)に出(で)て行(い)った。
그 무렵의 나는 신진 작가로서 욱일승천의 형태로 세상에 나갔다.

❸ 旭日昇天(きょくじつしょうてん)の星(ほし)の招待(しょうたい)だから、どんな豪華(ごうか)な席(せき)に案内(あんない)されるか分(わ)からない。
욱일승천의 별의 초대이니 어떤 호화로운 좌석으로 안내될지 모른다.

105 >>> 원교근공 [遠交近攻] えんこうきんこう □□□□

[意味]
- 🇯🇵 遠い国と手を結び、背後から牽制させながら近い国を攻める策
- 🇰🇷 먼 나라와 손을 잡고 배후에서 견제시키면서 가까운 나라를 공격하는 책략

[用法] 遠交近攻는 '遠交近攻の政策(원교근공의 정책)', '遠交近攻策(원교근공 책)'처럼 명사로 사용된다.

[例]

❶ このように遠くの相手と手を結んで近くの敵を片付ける政策を遠交近攻という。
이와같이 먼 상대와 손을 잡고 가까운 적을 처리하는 정책을 원교근공이라고 한다.

❷ 遠交近攻策とは、遠くの国と交わって隣の国を討つという中国の伝統的な戦略である。
원교근공 책이란 먼 나라와 합세하여 옆 나라를 친다고 하는 중국의 전통적인 전략이다.

❸ 遠くと結び近くを攻めるという遠交近攻の政策より善隣友好の政策へと転換すべきである。
먼 곳과 손을 잡아 가까운 곳은 공격한다고 하는 원교근공의 정책보다 선린우호 정책으로 전환해야 한다.

106 》》》 위기일발 [危機一髪(ききいっぱつ)] ☐☐☐☐

意味
- 🇯🇵 一(ひと)つ間違(まちが)えれば重要(じゅうよう)な危機(きき)に陥(おちい)るという瀬戸際(せとぎわ)，極(きわ)めて危(あぶ)ない状態(じょうたい)
- 🇰🇷 하나 잘못하면 중요한 위기에 빠진다고 하는 운명의 갈림길이나 지극히 위험한 상태

用法 危機一髪(ききいっぱつ)는 '危機一髪の状況(ききいっぱつのじょうきょう)(위기일발 상황)', '危機一髪から逃(のが)れる(위기일발에서 벗어나다)'처럼 명사로 사용된다.

例

❶ 案(あん)の定(じょう)、潜水中(せんすいちゅう)に敵(てき)の魚雷(ぎょらい)に攻撃(こうげき)されたが、危機一髪(ききいっぱつ)で逃(に)げきった。
아니나 다를까 잠수 중에 적의 어뢰에 공격을 받았지만, 위기일발로 벗어났다.

❷ 博士(はかせ)の沈着(ちんちゃく)にして果断(かだん)な処置(しょち)が、危機一髪(ききいっぱつ)のところで全員(ぜんいん)を救(すく)ったのだ。
박사의 침착하고 과단성 있는 조치가 위기일발 상황에서 전원을 구했다.

❸ その度(たび)に目(め)の前(まえ)には覆面男(ふくめんおとこ)が現(あらわ)れ、彼女(かのじょ)の危機一髪(ききいっぱつ)を回避(かいひ)し続(つづ)けていた。
그때마다 눈앞에는 복면남이 나타나, 그녀의 위기일발을 연이어 막고 있었다.

107 >>> 유명무실 [有名無実]

[意味]
- ⓙ 名ばかりが立派で、それに見合う実質が伴わないさま
- ⓚ 이름만이 훌륭하고 그에 어울리는 실질이 동반되지 않는 것

[用法] 有名無実는 '有名無実だ/である(유명무실하다)', '有名無実な法律(유명무실한 법률)', '有名無実になる(유명무실해지다)', '有名無実化した制度(유명무실화된 제도)'처럼 명사나 형용동사로 사용된다.

[例]

❶ 二つの審査会が設けられたが、これは殆んど有名無実に等しかった。
두 개의 심사회가 설치되었는데, 이것은 거의 유명무실이나 다름없었다.

❷ 他の地域はフグの販売が禁止されていたが、ほとんど有名無実であった。
다른 지역은 복어 판매가 금지되어 있었지만 대부분 유명무실했다.

❸ 交通法規が有名無実になったため、市内の各地で交通事故も頻発していた。
교통법규가 유명무실해졌기 때문에 시내 각지에서 교통사고도 빈발하고 있었다.

108 〉〉〉 유아독존 [唯我独尊] ゆいがどくそん

意味
- ㊐ この世で自分ほど偉い者はいないと自惚れること
- ㊩ 이 세상에서 자신처럼 위대한 자는 없다고 자만하는 것

用法 唯我独尊은 '天上天下唯我独尊(천상천하유아독존)', '唯我独尊の独裁者(유아독존의 독재자)'처럼 명사로 사용된다.

例

❶ その事実とは、宇宙にあって人類は唯我独尊ではないということだった。
그 사실이란 우주에 있어 인류는 유아독존이 아니라는 것이었다.

❷ 彼女は唯我独尊でもあり、常に自分の都合を最優先させるワガママ女でもある。
그녀는 유아독존이기도 하고, 항상 자신의 형편을 최우선시하는 제멋대로인 여자이기도 하다.

❸ 家庭における父は唯我独尊であり、家人の意見にはほとんど耳を傾けようとしなかった。
가정에서의 아버지는 유아독존으로 가족의 의견에는 거의 귀를 기울이려 하지 않았다.

109 〉〉〉 유야무야　　　　　　　　　　[有耶無耶]　□□□□

[意味]
- 🇯🇵 あるかないかはっきりしないさま
- 🇰🇷 있는지 없는지 확실하지 않은 것

[用法] 有耶無耶는 '有耶無耶な結論(유야무야한/애매한 결론)', '有耶無耶にされる(유야무야되다/흐지부지되다)'처럼 명사나 형용동사로 사용된다.

[例]

❶ 自分の存在が有耶無耶にされてしまいそうな暗い予感がした。
자신의 존재가 유야무야되어 버릴 것 같은 어두운 예감이 들었다.

❷ この罰金は最終的に有耶無耶になってしまい、実際には払われなかった。
이 벌금은 최종적으로 유야무야 되어 버려 실제로는 납부되지 않았다.

❸ 国民も積極的に運動に参加することは少なく、運動は有耶無耶の内に終息した。
국민도 적극적으로 운동에 참가하는 일은 적어 운동은 유야무야 속에 종식되었다.

110 >>> 유언비어 [流言飛語] りゅうげん ひ ご ☐☐☐☐

意味
- 🇯 世間に言い触らされる確証のない情報
- 🇰 세상에 퍼트려지는 확실한 증거가 없는 정보

用法 流言飛語는 '流言飛語が飛び交う(유언비어가 난무하다)'처럼 명사로 사용된다.

例

❶ 政党は流言飛語の取締りの一項を修正削除することに全力を傾けた。
정당은 유언비어 단속의 일 항을 수정 삭제하는 데 전력을 기울였다.

❷ 流行期には患者へ危害を加えたり、流言飛語が流布するなどの混乱も見られた。
유행기에는 환자에 대한 위해를 가하거나 유언비어가 유포되는 등의 혼란도 보였다.

❸ 多くは流言飛語の類だったが、結果的にこれらの中傷が民衆の憎悪を掻き立てることとなった。
대다수는 유언비어의 부류였는데, 결과적으로 이들 중상이 민중의 증오를 자극하게 되었다.

111 〉〉〉 유유자적 [悠々自適]

[意味]
- ⓙ 俗世間から身を引いて、のんびりと暮らすこと
- ⓚ 속세에서 물러나 느긋하게 보내는 것

[用法] 悠々自適는 '悠々自適の毎日(유유자적의 매일)', '悠々自適する(유유자적하다)' 처럼 명사나 동사(~する)로 사용된다.

[例]

❶ 引退後は釣りや草野球などを楽しみながら悠々自適な余生を過ごした。
은퇴 후에는 낚시나 동네야구 등을 즐기며 유유자적한 여생을 보냈다.

❷ 大統領辞任後は表舞台からは姿を消し、悠々自適の年金生活を送ったという。
대통령 사임 후는 앞 무대에서는 자취를 감추고, 유유자적한 연금 생활을 보냈다고 한다.

❸ 気合いを込めて生け簀の中を悠々自適に泳ぐイカども目がけて竿を振り下ろす。
기합을 담아 활어조 속을 유유자적 헤엄치는 오징어들을 겨냥하여 낚시대를 흔들어 내린다.

112 》》》 유일무이   [唯一無二(ゆいいつむに)] □□□□

意味
- 🇯🇵 ただそれ一(ひと)つだけしかなく二(ふた)つとないもの
- 🇰🇷 그저 그것 하나밖에 없고 둘도 없는 것

用法 唯一無二(ゆいいつむに)는 '唯一無二(ゆいいつむに)である(유일무이하다)', '唯一無二(ゆいいつむに)の物(もの)・存在(そんざい)(유일무이한 물건·존재)'처럼 명사로 사용된다. 한국어는 명사나 형용사(유일무이하다)로 사용된다.

例

❶ 私(わたし)たちは恐(おそ)れたが、それを回避(かいひ)する唯一無二(ゆいいつむに)の手段(しゅだん)も、そこに書(か)かれていた。
우리들은 두려워했지만, 그것을 회피하는 유일무이한 수단도 거기에 쓰여 있었다.

❷ 戸(こ)籍(せき)は日本国籍(にほんこくせき)を有(ゆう)する者(もの)の身分関係(みぶんかんけい)を証明(しょうめい)する唯一無二(ゆいいつむに)の公的証書(こうてきしょうしょ)である。
호적은 일본 국적을 갖는 자의 신분 관계를 증명하는 유일무이의 공적 증서이다.

❸ これは、聖書(せいしょ)の神(かみ)は自分(じぶん)たちの神(かみ)であり、唯一無二(ゆいいつむに)の存在(そんざい)であることを示(しめ)す言葉(ことば)である。
이것은 성서의 신은 자신들의 신이고 유일무이의 존재임을 나타내는 말이다.

113 〉〉〉 은인자중 [隠忍自重]

意味
- 🇯🇵 じっと我慢して軽率な行動をしないこと
- 🇰🇷 가만히 참으며 경솔한 행동을 하는 않는 것

用法 隠忍自重는 '隠忍自重の毎日(은인자중의 매일)', '隠忍自重する(은인자중하다)' 처럼 명사나 동사(~する)로 사용된다.

例

❶ それでも彼はめずらしく、これだけに隠忍自重の態度を保ってきた。
그래도 그는 드물게 이만큼 은인자중의 태도를 견지해 왔다.

❷ 生来待つことが苦手で、隠忍自重といった生活のできにくい質だった。
원래부터 기다리는 것이 질색으로 은인자중 등의 생활은 하기 어려운 기질이었다.

❸ 父は真犯人を見つけ出す以外に方法はないと彼に隠忍自重を求めた。
아버지는 진범을 찾아내는 것 이외에 방법이 없다고 그에게 은인자중을 요구했다.

114 >>>> 의기소침 [意気消沈(いきしょうちん)]

意味
- 🇯🇵 がっかりして沈(しず)み込(こ)むこと
- 🇰🇷 낙담하여 풀이 죽은 상태

用法 意気消沈(いきしょうちん)은 '意気消沈の選手(いきしょうちんのせんしゅ)(의기소침한 선수)', '意気消沈する(いきしょうちんする)(의기소침하다)'처럼 명사나 동사(~する)로 사용된다.

例

❶ 昨日(さくじつ)の意気消沈(いきしょうちん)から立(た)ち直(なお)った俺(おれ)は、一刻(いっこく)も早(はや)い引(ひ)きこもり脱出(だっしゅつ)を決意(けつい)した。
어제의 의기소침에서 재기한 나는 한시라도 빠른 은둔 탈출을 결의했다.

❷ 終戦直後(しゅうせんちょくご)、日本全体(にほんぜんたい)が意気消沈(いきしょうちん)、混乱(こんらん)し、疾病(しっぺい)、失業(しつぎょう)、犯罪(はんざい)などが蔓延(まんえん)していた。
종전 직후 일본 전체가 의기소침 혼란하여, 질병, 실업, 범죄 등이 만연했었다.

❸ 意気消沈(いきしょうちん)の選手(せんしゅ)に監督(かんとく)がしきりに気合(きあい)を入(い)れているが、心(こころ)に響(ひび)いている様子(ようす)はない。
의기소침한 선수에게 감독이 계속하여 기합을 넣고 있지만, 마음에 와닿는 기색은 없다.

115 의기양양 [意気揚々]

意味
- 🇯🇵 気持ちが高まり、自信たっぷりに誇らしげに振る舞うさま
- 🇰🇷 기분이 고양되어 자신만만하게 자랑스러운 듯 행동하는 것

用法 意気揚々는 '意気揚々とする(의기양양하다)', '意気揚々と歩く(의기양양하게 걷다)', '意気揚々として凱旋する(의기양양하게 개선하다)', '意気揚々たる態度(의기양양한 태도)'처럼 형용동사(~と,たる)로 사용된다.

例

❶ 研究者は、数学の難題を解決した学生のように、意気揚々と報告する。
연구자는 수학의 난제를 해결한 학생처럼 의기양양하게 보고한다.

❷ たわいなく喜び、意気揚々と事務所に引き揚げたところで、電話が鳴った。
정신없이 기뻐하며 의기양양하게 사무소로 되돌아온 상황에서 전화가 울렸다.

❸ 他のクラブから羨望の目を注がれることに意気揚々としているとしか思えない。
다른 클럽에서 선망의 눈으로 응시해 주는 데 의기양양하고 있다고밖에 생각할 수 없다.

116 >>> 의기투합 [意気投合(いきとうごう)]

意味
- 日: 互(たが)いに気持(きも)ちや考(かんが)え方(かた)がぴったりと一致(いっち)すること
- 韓: 서로 마음이 일치함

用法 意気投合(いきとうごう)는 '初対面(しょたいめん)で意気投合(いきとうごう)する(초대면에 의기투합하다)', '意気投合(いきとうごう)した二人(ふたり)(의기투합한 두 사람)'처럼 명사나 동사(~する)로 사용된다.

例

❶ 二人(ふたり)は昔(むかし)から意気投合(いきとうごう)した仲間(なかま)のように最後(さいご)まで行動(こうどう)をともにした。
둘은 옛날부터 의기투합한 사이처럼 최후까지 행동을 함께했다.

❷ その経営者(けいえいしゃ)と意気投合(いきとうごう)して、ソフトの版権(はんけん)を手(て)に入(い)れることができた。
그 경영자와 의기투합하여 소프트 판권을 손에 넣을 수 있었다.

❸ 二人(ふたり)は互(たが)いのユーモアや音楽(おんがく)の趣味(しゅみ)に共感(きょうかん)し、すぐに意気投合(いきとうごう)した。
둘은 서로의 유머나 음악의 취미에 공감하여 바로 의기투합했다.

117 》》》 의미심장 [意味深長]

意味
- ⓙ ある表現が奥深い内容を持っているさまや隠れた特別の意味を持っているさま
- ⓚ 어떤 표현이 깊고 그윽한 내용을 가지고 있거나, 숨은 특별한 의미를 가지고 있는 모습

用法 意味深長는 '意味深長な発言(의미심장한 발언)', '意味深長である(의미심장하다)' 처럼 형용동사로 사용된다.

例

❶ 彼は黙ったまま、実に意味深長そうな顔付きで部長を見た。
그는 입을 다문 채 실로 의미심장한 듯한 표정으로 부장을 보았다.

❷ くだらない悪ふざけの文句かもしれないが、私には意味深長に響いた。
형편없는 못된 장난의 문구일지도 모르지만, 나에게는 의미심장하게 전해졌다.

❸ だんだん意味深長になってゆく雰囲気を感じ取りながら、博士は黙々と描き続けた。
점점 의미심장해져 가는 분위기를 감지하면서 박사는 묵묵히 그리기 시작했다.

118 >>> 이심전심 [以心伝心]

[意味]
- 🇯 一般に言葉によらなくても互いに気持ちが通じ合うこと
- 🇰 일반적으로 말에 의하지 않아도 마음이 서로 통함

[用法] 以心伝心은 '以心伝心である(이심전심이다)', '以心伝心で分かる(이심전심으로 알다)'처럼 명사로 사용된다.

[例]

❶ 彼が感じていることは、以心伝心のように、私の心に伝わってきた。
그가 느끼고 있는 것은 이심전심처럼 내 마음에 전해져 왔다.

❷ 以心伝心というか、長年の付き合いで、彼が誘いに来たのだと見当がつく。
이심전심이라고 할까, 오랜 만남이어서, 그가 권유하러 온 것이라고 짐작이 든다.

❸ 皮肉なことに、こんな時だけ夫婦特有の以心伝心というものが働くのだった。
얄궂게도 이런 때만 부부 특유의 이심전심이라는 것이 작용하는 것이었다.

119 〉〉〉 이율배반 [二律背反(にりつはいはん)]

[意味]
- Ⓙ 同じ前提から導き出された二つの命題が互いに矛盾して両立しないこと
- Ⓚ 같은 전제에서 도출된 두 명제가 서로 모순되어 양립하지 않는 것

[用法] 二律背反은 '二律背反の感情(이율배반의 감정)', '二律背反に陥る(이율배반에 빠지다)'처럼 명사로 사용된다.

[例]

❶ その辺の二律背反が日本の悲劇の起因になっていたように思われる。
그런 이율배반이 일본 비극의 원인이 되고 있던 것처럼 생각된다.

❷ この有名な二律背反には多分二つの焦点の混同があるに相違ない。
이 유명한 이율배반에는 아마 두 초점의 혼동이 있음에 틀림없다.

❸ 二律背反とは正命題、反命題のどちらにも証明できる矛盾・パラドックスのことである。
이율배반이란 정명제, 반명제 어느 쪽으로도 증명할 수 있는 모순·패러독스를 말한다.

120 >>> 이인삼각 [二人三脚(に にんさんきゃく)] □□□□

意味
㊐ 二人(ふたり)が互(たが)いの内側(うちがわ)の足首(あしくび)を紐(ひも)で縛(しば)って固定(こてい)し、二人(ふたり)合(あ)わせて三本(さんぼん)の足(あし)で走(はし)ること

㈜ 둘이 서로 안쪽 발목을 끈으로 묶어 고정하고 둘이 세 다리로 달리는 것

用法 二人三脚(に にんさんきゃく)는 '二人三脚(に にんさんきゃく)である(이인삼각이다)', '二人三脚(に にんさんきゃく)で家庭(か てい)を築(きず)く(이인삼각으로 가정을 쌓다)'처럼 명사로 사용된다.

例

❶ 失踪者(しっそうしゃ)の帰(かえ)りを待(ま)つ側(がわ)にも絶望(ぜつぼう)と希望(きぼう)は邪悪(じゃあく)な二人三脚(に にんさんきゃく)で訪(おとず)れる。
실종자의 귀가를 기다리는 측에도 절망과 희망은 사악한 이인삼각으로 찾아온다.

❷ 当初(とうしょ)より経営(けいえい)は妻(つま)との二人三脚(に にんさんきゃく)であり、店舗(てんぽ)は妻(つま)の実家(じっか)の軒先(のきさき)を借(か)りていた。
당초부터 경영은 처와의 이인삼각으로 점포는 처가의 일부를 빌리고 있었다.

❸ この利害(りがい)が一致(いっち)した両者(りょうしゃ)は二人三脚(に にんさんきゃく)で自(みずか)らの勢力基盤(せいりょくきばん)を固(かた)めて行(い)ったと言(い)える。
이 이해가 일치한 양자는 이인삼각으로 자신의 세력 기반을 굳혀 갔다고 할 수 있다.

121 >>> 이중인격 [二重人格]

[意味]
- ⑰ 一人の人間の中に二つの全く異なる人格が交代して現れること
- ㉠ 한 인간 속에 두 개의 완전히 다른 인격이 교대로 나타나는 것

[用法] 二重人格는 '二重人格を持つ·表す(이중인격을 갖다·나타내다)', '二重人格の偽善者(이중인격의 위선자)', '二重人格者(이중인격자)'처럼 명사로 사용된다.

[例]

❶ 神のような人格と悪魔のような人格の二重人格に苦しむことになる。
신과 같은 인격과 악마와 같은 인격의 이중인격에 괴로워하게 된다.

彼がどうしてこのような二重人格者となったかは、はっきり分かっていない。
그가 어째서 이와같은 이중인격자가 됐는지는 확실히 알지 못한다.

❷ この均衡が崩れ、人間の心が善と悪とに分裂すると二重人格の悲劇が起こる。
이 균형이 무너지고 인간의 마음이 선과 악으로 분열되면 이중인격의 비극이 일어난다.

❸ 同一人物の二重人格が二人に分かれて別個に行動することで、周囲を欺いている。
동일인물의 이중인격이 두 사람으로 나뉘어 별개로 행동하는 것으로 주위를 속이고 있다.

122 〉〉〉 이합집산 [離合集散(りごうしゅうさん)]

[意味]
- 🇯 集まっては離れ、離れては集まること
- 🇰 모이고는 헤어지고 헤어지고는 모이는 것

[用法] 離合集散는 '離合集散を繰り返す(이합집산을 반복하다)', '離合集散する各派閥(이합집산하는 각 파벌)'처럼 명사나 동사(~する)로 사용된다.

[例]

❶ その後も多少の離合集散はあったが、基本的な構図は今でもあまり変わっていない。
그 후에도 다소의 이합집산은 있었지만, 기본적인 구도는 지금도 별로 변하지 않았다.

❷ 利益を出せる会社はなく、開発部隊を解散したり、再結集したりの離合集散を繰り返した。
이익을 낼 수 있는 회사는 없고, 개발 부대를 해산하거나 재결집하거나의 이합집산을 반복했다.

❸ 政治の世界も、政党の離合集散が激しく、短期間で内閣が交代するなど混乱が続いた。
정치 세계도 정당의 이합집산이 심해 단기간에 내각이 교체되는 등 혼란이 계속됐다.

123 »»» 인과응보 [因果応報(いんがおうほう)] □□□□

意味
- 🇯🇵 仏教で前世や過去の行いの善悪に応じて必ずその報いがあるということ
- 🇰🇷 불교에서 전세나 과거 행실의 선악에 따라 반드시 그 대가가 있다는 것
  (좋은 일을 하면 상을 받고 나쁜 짓을 하면 그 죗값을 받는다는 것)

用法 因果応報는 '因果応報の理(인과응보의 이치)', '因果応報である(인과응보이다)' 처럼 명사로 사용된다. 주로 나쁜 의미에 많이 사용한다.

例

❶ 仏教の因果応報の理では、この世で善行を積めば後生も善いとされる。
불교 인과응보의 이치에서는 현세에서 선행을 쌓으면 후세에도 좋다고 되어 있다.

❷ 自業自得とか因果応報とか、そういう四字熟語が今の俺にはふさわしい。
자업자득이나 인과응보나 그런 사자 숙어가 지금의 나에게는 어울린다.

❸ いずれも、廃仏皇帝の因果応報としての末路を示す宗教性の強い伝説である。
어느 것도 폐불 황제의 인과응보로서의 말로를 보이는 종교성이 강한 전설이다.

124 >>> 인면수심　　　[人面獣心 (じんめんじゅうしん)] □□□□

意味 🇯🇵 顔(かお)は人間(にんげん)だが心(こころ)は獣(けもの)に等(ひと)しい意(い)から、人間(にんげん)らしい心(こころ)を持(も)たない冷酷非情(れいこくひじょう)な人(ひと)

🇰🇷 얼굴은 인간인데 마음은 짐승, 인간다운 마음을 갖지 못한 냉혹 비정한 사람

用法 人面獣心(じんめんじゅうしん)은 '人面獣心の顔(じんめんじゅうしん の かお)(인면수심의 얼굴)'처럼 명사로 사용된다.

例

❶ 昔(むかし)は二本差(にほんざ)しだったか知(し)らぬが、強欲(ごうよく)で恥知(はじし)らずで全(まった)く人面獣心(じんめんじゅうしん)とはあの男(おとこ)のことだ。
옛날에는 무사였는지 모르지만, 탐욕하고 수치를 모르는 정말 인면수심이란 그 남자를 말한다.

❷ 私(わたし)としては人面獣心(じんめんじゅうしん)の怪物(かいぶつ)にでも出(で)くわしたように、尻尾(しっぽ)を巻(ま)いて引(ひ)きさがるより手(て)がなかった。
나로서는 인면수심의 괴물이라도 만난 것처럼 꼬리를 내리고 물러날 수밖에 방법이 없었다.

❸ あの男(おとこ)を画(え)のためには親子(おやこ)の情愛(じょうあい)も忘(わす)れてしまう、人面獣心(じんめんじゅうしん)の曲者(くせもの)だど罵(ののし)る者(もの)もいる。
그 남자를, 그림을 위해서는 부모 자식의 애정도 잊어버리는, 인면수심의 괴물이라고 욕하는 자도 있다.

125 >>> 인사불성 [人事不省(じんじふせい)] □□□□

意味
- ⓙ まったく知覚(ちかく)や意識(いしき)を失(うしな)うこと
- ⓚ 전혀 지각이나 의식이 없는 것

用法 人事不省은 '人事不省に陷る(인사불성에 빠지다)', '人事不省の重体(인사불성의 중태)'처럼 명사로 사용된다.

例

❶ 急速(きゅうそく)に人事不省(じんじふせい)に陷(おちい)って行(い)くばかりで、意識(いしき)が回復(かいふく)することもなかった。
급속히 인사불성에 빠져들 뿐으로 의식이 회복되는 일도 없었다.

❷ 彼(かれ)は人事不省(じんじふせい)で倒(たお)れていたとき、誰(だれ)かに懷中時計(かいちゅうどけい)を盗(ぬす)まれたそうである。
그는 인사불성으로 쓰러져 있었을 때, 누군가에게 회중시계를 도둑맞았다고 한다.

❸ 後(あと)で救出(きゅうしゅつ)された時(とき)、彼(かれ)は全身(ぜんしん)を火傷(やけど)して、すでに人事不省(じんじふせい)に落(お)ち込(こ)んでいた。
나중에 구출됐을 때 그는 온몸에 화상을 입고 이미 인사불성에 빠져 있었다.

126 >>>> 인해전술 [人海戰術]

意味
- ⓙ 多人数を動員して物事に対処するやり方
- ⓚ 다수의 인간을 동원하여 사안에 대처하는 방법

用法 人海戰術는 '人海戰術を使う(인해전술을 쓰다)', '人海戰術で行く(인해전술로 가다)'처럼 명사로 사용된다.

例

❶ 時間がかけられないから、人海戰術で総当たりでいくしかないんだ。
시간을 들일 수 없기 때문에 인해전술로 총공격해 가는 수밖에 없다.

❷ 人海戰術を武器とする彼らはインターネットを介して緊密に連係している。
인해전술을 무기로 하는 그들은 인터넷을 매개로 긴밀하게 연계되어 있다.

❸ それゆえか、徹底した人海戰術を繰り出して、敵の消耗を待つ戦法を取る。
그래서인지 철저한 인해전술을 펼쳐 적의 소모를 기다리는 전법을 취한다.

127 〉〉〉〉 일거양득　　　[一挙両得] いっきょりょうとく

意味
㊐ 一つの行動によって同時に二つの利益を得ること
� 하나의 행동으로 동시에 두 개의 이익을 얻는 것

用法 一挙両得는 '一挙両得の手(일거양득의 수)', '一挙両得だ/である(일거양득이다)' 처럼 명사로 사용된다.

例

❶ こうすれば、同時に眉や頬の一部を隠すことも出来て、一挙両得でもある。
이렇게 하면 동시에 눈썹이나 볼의 일부를 숨길 수도 있어 일거양득이기도 하다.

❷ これを機会に彼らに放火の罪を着せて追放できるなら一挙両得というものだ。
이것을 기회로 그들에게 방화죄를 덮어씌워 추방할 수 있다면 일거양득인 것이다.

❸ 豊富に防材を使って完全なものを拵えれば、到着後、役に立つから一挙両得だ。
풍부하게 방재를 사용하여 완전한 것을 만들면 도착 후 도움이 되기 때문에 일거양득이다.

128 >>> 일망타진 [一網打尽(いちもうだじん)]

意味
- 🇯 ひと網(あみ)で魚類(ぎょるい)をごっそりと捕(と)ること, 悪人(あくにん)の仲間(なかま)などを一度(いちど)に全(すべ)て捕(とら)えること
- 🇰 하나의 망으로 전체를 포획한다는 의미에서 한꺼번에 전부를 잡는 것

用法 一網打尽(いちもうだじん)은 '一網打尽(いちもうだじん)にする(일망타진 하다)'처럼 명사나 동사(~にする)로 사용된다. 한국어가 '일망타진하다'라고 하는데 일본어는 '一網打尽(いちもうだじん)にする'라고도 하여 표현을 달리 하기도 한다.

例

❶ 引(ひ)き潮(しお)に乗(の)って沖(おき)へ帰(かえ)ろうとする魚(さかな)を、文字通(もじどお)り一網打尽(いちもうだじん)にするのである。
썰물을 타고 먼바다로 돌아가려고 하는 고기를 문자 그대로 일망타진하는 것이다.

❷ 彼(かれ)らを一網打尽(いちもうだじん)にし、脅威(きょうい)と障害物(しょうがいぶつ)を一気(いっき)に排除(はいじょ)してしまう作戦(さくせん)を考(かんが)え始(はじ)めた。
그들을 일망타진하여 위협과 장애물을 단번에 제거해버리는 작전을 생각하기 시작했다.

❸ これを利用(りよう)して巨大(きょだい)な火炎放射器(かえんほうしゃき)を作(つく)り、ゾンビたちを一網打尽(いちもうだじん)する作戦(さくせん)を開始(かいし)する。
이것을 이용하여 거대한 화염방사기를 만들어 좀비들을 일망타진하는 작전을 개시한다.

129 〉〉〉 일목요연　　　[一目瞭然(いちもくりょうぜん)] □□□□

意味
- ㊐ 一目(ひとめ)見ただけではっきりと分(わ)かるさま
- ㉭ 한번 보는 것으로 확실히 알 수 있음

用法 一目瞭然(いちもくりょうぜん)은 '一目瞭然(いちもくりょうぜん)だ/である(일목요연하다)', '一目瞭然(いちもくりょうぜん)な説明(せつめい)(일목요연한 설명)'처럼 형용동사로 사용된다.

例

❶ 戦後(せんご)に明(あき)らかにされた彼(かれ)の軌跡(きせき)をたどると、その過程(かてい)が一目瞭然(いちもくりょうぜん)である。
전후에 밝혀진 그의 궤적을 더듬으면 그 과정이 일목요연하다.

❷ 地図(ちず)を見(み)れば一目瞭然(いちもくりょうぜん)だが、半島(はんとう)に沿(そ)って走(はし)るのでかなりの距離(きょり)がある。
지도를 보면 일목요연하지만, 반도를 따라 달리기에 상당한 거리가 있다.

❸ 身分(みぶん)の高(たか)い人物(じんぶつ)であることは、周囲(しゅうい)の人々(ひとびと)の反応(はんのう)を見(み)れば、一目瞭然(いちもくりょうぜん)だった。
신분이 높은 인물인 것은 주위 사람들의 반응을 보면 일목요연했다.

130 》》》 일벌백계 [一罰百戒] いちばつひゃっかい □□□□

意味
- 🇯🇵 一人の罪や過失を罰することで、他の多くの人々が同じような罪や過失を犯さないよう戒めとすること
- 🇰🇷 한 사람의 죄나 과실을 벌함으로써 다른 많은 사람이 같은 죄나 과실을 범하지 않도록 교훈으로 삼는 것

用法 一罰百戒는 '一罰百戒の効果(일벌백계의 효과)', '一罰百戒を狙う(일벌백계를 노리다)'처럼 명사로 사용된다.

例

❶ 一罰百戒とはいうけれど、今、そんなことをすれば志気は下がる。
일벌백계라고는 하지만, 지금 그런 일을 하면 사기는 떨어진다.

❷ 一罰百戒の心理的効果が表われたところで、彼は最高幹部たちを招集し、宣告した。
일벌백계의 심리적 효과가 나타난 상황에서 그는 최고 간부들을 소집하여 선고했다.

❸ 警察は社会の秩序安定を目的に一罰百戒を狙って逮捕することに重きを置くようになった。
경찰은 사회의 질서 안정을 목적으로 일벌백계를 노리고 체포하는 일에 중점을 두게 되었다.

131 》》》 일석이조 [一石二鳥] いっせき に ちょう

意味
- 🇯🇵 一つの石で二羽の鳥を打ち落とすことで、一つの行為で二つの利益を得ること
- 🇰🇷 하나의 돌로 두 마리 새를 잡는 것으로 하나의 행위로 두 가지 이익을 얻음

用法 一石二鳥는 '一石二鳥である(일석이조이다)', '一石二鳥の効果(일석이조의 효과)' 처럼 명사로 사용된다. '一挙両得(일거양득)'과도 의미가 비슷하다.

例

❶ つまり冷水を使用したのは意図的で、一石二鳥を狙っていたわけだ。
즉 냉수를 사용한 것은 의도적으로 일석이조를 노리고 있던 것이다.

❷ これで社長のご機嫌は取れるし、彼女の処置はできるし、一石二鳥である。
이것으로 사장의 비위는 맞출 수 있고 그녀의 조치는 할 수 있어 일석이조이다.

❸ こうすれば会社は利益を上げられるし、僕は研究ができる、一石二鳥じゃないか。
이렇게 하면 회사는 이익을 올릴 수 있고, 나는 연구를 할 수 있는 일석이조가 아닌가.

132 »»» 일심동체　　[一心同体 いっしんどうたい]

[意味]
- ⓙ 二人以上の人が心も体も一つであるかのように力を合わせること
- ⓚ 둘 이상이 몸도 마음도 하나인 것처럼 힘을 합치는 것

[用法] 一心同体는 '一心同体である(일심동체이다)', '一心同体の運命(일심동체의 운명)' 처럼 명사로 사용된다.

[例]

❶ 一週間経つと、もう完全に犬の刺青は私と一心同体になっていた。
일주일이 지나자 이제 완전히 개의 문신은 나와 일심동체가 되어 있었다.

❷ さっきまで一心同体と思っていた彼は議場に入るなり、不信任反対票に投じた。
아까까지 일심동체라고 생각했던 그는 회의장에 들어가자, 불신임 반대표를 던졌다.

❸ 夫婦は結婚するまでは別の人生を歩いて来るけど、結婚すれば一心同体の運命共同体だ。
부부는 결혼하기 전까지는 별도의 인생을 걸어오지만 결혼하면 일심동체의 공동운명체이다.

133 》》》 일언반구 [一言半句(いちごんはんく)]

意味
- 🇯🇵 ほんの僅(わず)かな言葉(ことば)
- 🇰🇷 아주 작은 말

用法 一言半句(いちごんはんく)는 '一言半句(いちごんはんく)の価値(かち)もない(일언반구의 가치도 없다)', '一言半句(いちごんはんく)も喋(しゃべ)らない・聞(き)かない(일언반구도 말하지 않는다·듣지 않는다)', '一言半句(いちごんはんく)もおろそかにしない(일언반구도 소홀히 하지 않는다)', '一言半句(いちごんはんく)の挨拶(あいさつ)もない(일언반구의 인사도 없다)'처럼 명사로 사용된다. 대개 부정형을 동반한다.

例

❶ 互(たが)いに必要最小限(ひつようさいしょうげん)なこと以外(いがい)、一言半句(いちごんはんく)も喋(しゃべ)ろうとしないのだ。
서로 필요 최소한의 것 이외에 일언반구도 말하려고 하지 않는다.

❷ 筆者(ひっしゃ)は一言半句(いちごんはんく)も聞(き)き洩(も)らすまいと、体中(からだじゅう)を耳(みみ)にして聞(き)き入(い)った。
필자는 일언반구도 흘려듣지 않으려고 온몸을 귀 삼아 열심히 들었다.

❸ 明(あき)らかにユダヤ人(じん)が書(か)いたものには一言半句(いちごんはんく)もそんな言葉(ことば)は出(で)てこない。
분명 유대인이 쓴 것에는 일언반구도 그런 말은 나오지 않는다.

134 >>> 일일천추 [一日千秋] いちじつせんしゅう

意味
- 🇯 一日が千年に思われるほど待ち遠しいこと
- 🇰 하루가 천년으로 생각될 정도로 기다려지는 것

用法 一日千秋(いちじつせんしゅう)는 '一日千秋(いちじつせんしゅう)の思(おも)い(일일천추의 마음)'처럼 명사로 사용된다.

例

❶ その返事(へんじ)の到着(とうちゃく)する日(ひ)を、一日千秋(いちじつせんしゅう)の思(おも)いで待(ま)ちわびていた。
그 답신이 도착하는 날을 일일천추의 마음으로 고대하고 있었다.

こんな状態(じょうたい)にある時(とき)は援軍(えんぐん)が来(く)るのを一日千秋(いちじつせんしゅう)の思(おも)いで待(ま)ち続(つづ)ける。
이런 상태에 있을 때는 원군이 오기를 일일천추의 마음으로 계속 기다린다.

❷ 彼(かれ)はこれで一生(いっしょう)を通(つう)じての一日千秋(いちじつせんしゅう)の待(ま)ち遠(どお)しさは終(お)わったと思(おも)った。
그는 이것으로 일생을 통한 일일천추의 긴 기다림은 끝났다고 생각했다.

❸ 特(とく)に始(はじ)めの三月(みつき)の長(なが)かったこと、一日千秋(いちじつせんしゅう)とは、あのような思(おも)いかも知(し)れない。
특히 처음 세 달의 길었던 것, 일일천추란 그와 같은 마음인지도 모른다.

135 〉〉〉 일장일단 [一長一短(いっちょういったん)] □□□□

[意味]
- 🇯🇵 長所(ちょうしょ)もあるが、短所(たんしょ)もあること
- 🇰🇷 장점도 있고 단점도 있는 것

[用法] 一長一短(いっちょういったん)은 '一長一短(いっちょういったん)がある(일장일단이 있다)'처럼 명사로 사용된다.

[例]

❶ どの形態(けいたい)も一長一短(いっちょういったん)の要素(ようそ)を抱(かか)えているため、状況(じょうきょう)に応(おう)じた使(つか)い分(わ)けが重要(じゅうよう)となる。
어느 형태도 일장일단의 요소를 안고 있기 때문에 상황에 맞는 사용이 중요하게 된다.

❷ 両方(りょうほう)に一長一短(いっちょういったん)があり、どちらを用(もち)いるべきかは研究者(けんきゅうしゃ)によって見解(けんかい)が分(わ)かれている。
양쪽에 일장일단이 있어 어느 쪽을 사용해야 할지는 연구자에 따라 견해가 나뉘고 있다.

❸ いずれも一長一短(いっちょういったん)があるため、運用(うんよう)、製作実績(せいさくじっせき)や機体(きたい)の目的(もくてき)などから検討(けんとう)する必要(ひつよう)がある。
어떤 것도 일장일단이 있기 때문에, 운용, 제작 실적이나 기체의 목적 등으로부터 검토할 필요가 있다.

136 》》》 일제사격　　　　　　　　　　[一斉射撃] いっせいしゃげき ☐☐☐☐

[意味]
- 🇯🇵 同時にそろって射撃をすること
- 🇰🇷 동시에 맞추어 사격함

[用法] 一斉射撃는 '一斉射撃を浴びせる(일제사격을 퍼붓다)'처럼 명사로 사용된다.

[例]

❶ 騒がしく行進してきた十字軍はこの谷間で矢の一斉射撃の的となった。
요란하게 행진해온 십자군은 이 계곡에서 화살 일제사격의 표적이 되었다.

❷ 近距離の戦闘では一斉射撃が用いられたので、発砲する速度が重要だった。
근거리 전투에서는 일제사격이 이용되어서 발포하는 속도가 중요했다.

❸ 彼は敵をすぐそばまで引きつけておいて小銃や拳銃の一斉射撃を浴びせた。
그는 적을 바로 근처까지 유인해두고 소총과 권총의 일제사격을 퍼부었다.

137 〉〉〉 일진일퇴 [一進一退 いっしんいったい] ☐☐☐☐

意味
- 🇯🇵 進んだり退いたりすること、よくなったり悪くなったりすること
- 🇰🇷 어떤 상황이 전진하거나 후퇴하거나 하여 좋아지기도 나빠지기도 함

用法 一進一退는 '一進一退を繰り返す(일진일퇴를 반복하다)', '一進一退する(일진일퇴하다)'처럼 명사나 동사(~する)로 사용된다.

例

❶ 一進一退の攻防が繰り返されたが、高地を奪還することは出来なかった。
일진일퇴의 공방이 반복되었지만, 고지를 탈환할 수는 없었다.

❷ 怪我の発見が遅れた影響で高熱が続き、以降は一進一退の危篤に陥った。
상처 발견이 늦은 영향으로 고열이 이어져 이후는 일진일퇴하는 위독에 빠졌다.

❸ 両軍とも一進一退のまま、この恐るべき戦場で何日ものあいだ激戦が続いた。
양군 모두 일진일퇴인 채 이 무서운 전장에서 여러 날 동안 격전이 이어졌다.

138 〉〉〉 일촉즉발   [一触即発(いっしょくそくはつ)]

意味
- 🇯 ちょっと触(さわ)ると爆発(ばくはつ)するような危険(きけん)な状態(じょうたい)にあること
- 🇰 어떤 일이나 사태가 금방이라도 일어날 듯함

用法 一触即発(いっしょくそくはつ)는 '一触即発(いっしょくそくはつ)の危機(きき)・状態(じょうたい)(일촉즉발의 위기・상태)'처럼 명사로 사용된다.

例

❶ スタンドの騒(さわ)ぎは小康状態(しょうこうじょうたい)になったが、一触即発(いっしょくそくはつ)であるのは変(か)わらない。
스탠드의 소동은 소강상태가 되었지만, 일촉즉발인 것은 변하지 않는다.

❷ あのとき世界(せかい)が一触即発(いっしょくそくはつ)の状態(じょうたい)にあったことは、いまさら説明(せつめい)の必要(ひつよう)もあるまい。
그때 세계가 일촉즉발의 상태에 있었던 것은 새삼 설명할 필요도 없을 것이다.

❸ 一触即発(いっしょくそくはつ)の状態(じょうたい)でもそれが長(なが)く続(つづ)いていると感覚(かんかく)が鈍化(どんか)して、気(き)にならなくなる。
일촉즉발의 상태에서도 그것이 오래 지속되고 있으면 감각이 무뎌져 신경 쓰이지 않게 된다.

139 〉〉〉 일확천금 [一攫千金]

意味
- ⓙ 一度にたやすく大きな利益を手に入れること
- ⓚ 한 번에 간단히 큰 이익을 손에 넣는 것

用法 一攫千金은 '一攫千金を狙う・夢見る・目論む(일확천금을 노리다·꿈꾸다·꾀하다)', '一攫千金の夢・機会・チャンス・儲け話(일확천금의 꿈·기회·찬스·돈 버는 이야기)' 처럼 명사로 사용된다.

例

❶ 両親は犯罪などで一攫千金を狙うのではなく、額に汗して地道に働く道を選んだ。
부모님은 범죄 등으로 일확천금을 노리는 것이 아니라 이마에 땀 흘려 착실히 일하는 길을 택했다.

❷ 一攫千金を追い求めて投機的な事業を立ち上げては失敗し、多額の負債を抱えて死んだ。
일확천금을 추구하여 투기적인 사업을 일으키고는 실패하여 거액의 부채를 안고 죽었다.

❸ 彼らは一攫千金を夢見てやってきたが、この地に彼らを留まらせるだけの魅力はなかった。
그들은 일확천금을 꿈꾸어 찾아왔지만, 이 땅에 그들을 머물게 할 만한 매력은 없었다.

140 >>> 임기응변　[臨機応変] りんきおうへん □□□□

意味
- 🇯🇵 状況に応じた行動を取ること
- 🇰🇷 상황에 따른 행동을 하는 것

用法 臨機応変은 '臨機応変の才能(임기응변의 재능)', '臨機応変な処置·対応(임기응변의 처치·대응)', '臨機応変に行動する(임기응변으로 행동하다)'처럼 명사나 형용동사로 사용된다.

例

❶ あらゆる状況を臨機応変に切り抜けてこそ、手に入れた時の喜びも大きい。
모든 상황을 임기응변으로 타개해야 손에 넣었을 때의 기쁨도 크다.

❷ 相手がどんな動きをしてくるか解らない以上、臨機応変がどうしても必要になる。
상대가 어떤 움직임을 해 올지 모르는 이상 임기응변이 정말로 필요해진다.

❸ 臨機応変に物事を対処することできたため、当時の人は彼を只者ではないと感じた。
임기응변으로 사안을 대처할 수 있기 때문에, 당시 사람들은 그를 보통 사람이 아니라고 느꼈다.

141 임의동행 [任意同行]

意味
- ⓙ 警察官が職務質問をしようとする者を、その者の同意を得て最寄りの警察署・交番・駐在所に同行すること
- ⓚ 경찰이 직무상 질문하고자 하는 자에 대해 동의 없이 근처의 경찰서에 동행하는 것

用法 任意同行는 '任意同行を求める(임의동행을 요구하다)', '任意同行する(임의동행하다)'처럼 명사나 동사(~する)로 사용된다.

例

❶ 彼らが帰宅したことを確認した後でなければ任意同行は求められない。
그들이 귀가한 것을 확인한 후가 아니면 임의동행은 요구할 수 없다.

❷ 捜査本部に任意同行を求められた夫婦はショックを受けた模様である。
수사본부에 임의동행을 요구받은 부부는 충격을 받은 모양이다.

❸ その結果、今は任意同行でも正式に逮捕ということになるかもしれない。
그 결과 지금은 임의동행이라도 정식으로 체포가 될지도 모른다.

142 》》》 입신출세 [立身出世] りっしんしゅっせ □□□□

意味
- 🇯🇵 社会的に高い地位に付いて名声を得ること
- 🇰🇷 사회적으로 높은 지위에 올라 명성을 얻는 것

用法 立身出世는 '立身出世する(입신출세하다)', '立身出世を果たす(입신출세를 이뤄내다)'처럼 명사나 동사(~する)로 사용된다.

例

❶ 立身出世の街道を最速で駆け抜けた役人が罪科を問われ落ちていく。
입신출세의 가도를 최고 속도로 달려온 관리가 죄과를 추궁당해 떨어져 간다.

❷ 幸運なことに南北戦争の勃発が彼に立身出世の機会を与える結果となった。
운 좋게 남북전쟁 발발이 그에게 입신출세의 기회를 주는 결과가 되었다.

❸ 当時は、主人公のように地方の人間が立身出世を目指し多数上京していた。
당시에는 주인공처럼 지방 사람들이 입신출세를 목표로 다수 상경하고 있었다.

143 >>>> 자급자족 [自給自足]

[意味]
- 🇯 必要な物資を他から求めずに自分で生産して満たすこと
- 🇰 필요한 물자를 타로부터 구하지 않고 스스로 생산하여 충족시킴

[用法] 自給自足는 '自給自足の生活(자급자족의 생활)', '自給自足する(자급자족하다)' 처럼 명사나 동사(~する)로 사용된다.

[例]

❶ 一人で自給自足するより多くの人間が分業で生産した方が効率が上がる。
혼자 자급자족하는 것보다 많은 사람이 분업으로 생산하는 편이 효율이 높아진다.

❷ しばらくは職が見つからず、一時は自給自足を行っていた時期もあった。
한동안 일자리를 찾지 못해 한때는 자족을 행하던 시기도 있었다.

❸ 収入の不足分を補うため、住民の多くは自給自足の生活を送っている。
수입의 부족분을 보충하기 위해, 주민의 다수는 자급자족의 생활을 보내고 있다.

144 >>> 자기만족 [自己満足(じこまんぞく)]

意味
- 🇯 自分(じぶん)の言動(げんどう)に自分(じぶん)で満足(まんぞく)すること
- 🇰 자신의 언동에 스스로 만족하는 것

用法 自己満足(じこまんぞく)는 '自己満足(じこまんぞく)である(자기만족이다)', '自己満足(じこまんぞく)に陥(おちい)る(자기만족에 빠지다)'처럼 명사로 사용된다.

例

❶ 病院(びょういん)から帰(かえ)る道(みち)で、私(わたし)は多少(たしょう)、自己満足(じこまんぞく)みたいなものを感(かん)じていた。
병원에서 돌아오는 길에 나는 다소 자기만족 같은 것을 느끼고 있었다.

❷ あとは赤字(あかじ)を覚悟(かくご)で、ただ劇団員(げきだんいん)の自己満足(じこまんぞく)のために公演(こうえん)を打(う)っている。
나머지는 적자를 각오하고 단지 극단원의 자기만족을 위해 공연을 하고 있다.

❸ この人々(ひとびと)は相手(あいて)の心理(しんり)を知(し)らぬ自己満足(じこまんぞく)が、すなわち相手(あいて)の満足(まんぞく)だと考(かんが)えている。
이들은 상대의 심리를 모르는 자기만족이 곧 상대의 만족이라고 생각하고 있다.

145 ≫ 자승자박　　[自縄自縛(じじょうじばく)]

意味
- 🇯🇵 自分の綯(な)った網(あみ)で自分自身(じぶんじしん)を縛(しば)る意(い)から、自分(じぶん)の言動(げんどう)によって自分自身(じぶんじしん)の動(うご)きが取(と)れなくなること
- 🇰🇷 자신이 짠 그물로 자기 자신을 묶는 의미에서 자신의 언동으로 인해 자기 자신이 움직일 수 없게 됨

用法
自縄自縛(じじょうじばく)는 '自縄自縛(じじょうじばく)の行為(こうい)(자승자박의 행위)', '自縄自縛(じじょうじばく)に陥(おちい)る(자승자박에 빠지다)'처럼 명사로 사용된다.

例

❶ 裏(うら)があると思(おも)ってしまっては、またさっきのように自縄自縛(じじょうじばく)に陥(おちい)ってしまう。
이면이 있다고 생각해 버리면, 또 아까처럼 자승자박에 빠져 버린다.

❷ 彼(かれ)は自縄自縛(じじょうじばく)に陥(おちい)ることがあるが、こんどもそうなりそうな気配(けはい)だった。
그는 자승자박에 빠지는 일이 있는데, 이번에도 그렇게 될 것 같은 낌새였다.

❸ 幸(さいわ)いにもプラズマは自身(じしん)でも磁場(じば)を作(つく)り、自縄自縛(じじょうじばく)をする性質(せいしつ)をもっている。
다행히도 플라즈마는 스스로도 자기장을 만들어 자승자박을 하는 성질을 갖고 있다.

146 >>> 자업자득 [自業自得(じごうじとく)]

意味
- 🇯 自分(じぶん)がした悪(わる)い行為(こうい)の報(むく)いを自分自身(じぶんじしん)が受(う)けること
- 🇰 자신이 한 나쁜 행위의 응보를 자기 자신이 받음

用法 自業自得(じごうじとく)는 '自業自得(じごうじとく)の結果(けっか)(자업자득의 결과)', '自業自得(じごうじとく)である(자업자득이다)'처럼 명사로 사용된다.

例

❶ 軍人(ぐんじん)になりたいと望(のぞ)んだばかりの、これは自業自得(じごうじとく)と言うべきだろうか。
군인이 되고 싶다 바랐던 때문인 이것은 자업자득이라고 해야 할 것인가.

❷ 自分(じぶん)の造(つく)った業(ごう)の報(むく)いは自分(じぶん)が受(う)けなければならないことを自業自得(じごうじとく)という。
자신이 만든 업보는 자신이 받아야 하는 것을 자업자득이라고 한다.

❸ 電話(でんわ)で話(はな)したとき必死(ひっし)に止(と)めたのに言うことを聞(き)かなかったのだから自業自得(じごうじとく)だ。
전화로 이야기했을 때 필사적으로 말렸는데도 말을 듣지 않았으니 자업자득이다.

147 >>>> 자연도태 [自然淘汰]

意味
- 自然界で生存に少しでも有利な形質を持つ個体が生き残って子孫を保ち、適応しないものは滅びること
- 자연계에서 생존에 조금이라도 유리한 형질을 갖는 개체가 살아남아 자손을 유지하고, 적응하지 못하는 자는 멸망함

用法 自然淘汰는 '自然淘汰の法則(자연도태의 법칙)', '自然淘汰される(자연도태되다)'처럼 명사나 동사(~される)로 사용된다.

例

❶ 自然淘汰説を捨てると説明のできなくなる現象が生物界には無数にある。
자연도태설을 버리면 설명할 수 없게 되는 현상이 생물계에는 무수히 있다.

❷ あれは自然淘汰でもなければ、決して人間による環境破壊のせいでもない。
저것은 자연도태도 아니고, 결코 인간에 의한 환경파괴 탓도 아니다.

❸ その進化の過程で自然淘汰はデザインの改良と最適化を高める方向に働く。
그 진화 과정에서 자연도태는 디자인의 개량과 최적화를 높이는 방향으로 작용한다.

148 >>> 자유분방 [自由奔放(じゆうほんぼう)] □□□□

意味
- 🇯🇵 他(た)を気(き)にかけず、自分(じぶん)の思(おも)うままに振(ふ)る舞(ま)うさま
- 🇰🇷 타를 의식하지 않고 자기 생각대로 행동하는 것

用法 自由奔放(じゆうほんぼう)는 '自由奔放(じゆうほんぼう)な一生(いっしょう)・振(ふ)る舞(ま)い(자유분방한 일생·행동)'처럼 명사나 형용동사로 사용된다.

例

❶ そのことが自由奔放(じゆうほんぼう)で反骨的(はんこつてき)な彼女(かのじょ)の性格(せいかく)を形成(けいせい)したのかもしれない。
그것이 자유분방하고 반골적인 그녀의 성격을 형성한 것인지도 모른다.

❷ 私(わたし)はしばらく我(わ)がままな女流作家(じょりゅうさっか)の顔(かお)で、自由奔放(じゆうほんぼう)に過(す)ごすことにする。
나는 잠시 하고 싶은 대로 하는 여류작가의 얼굴로 자유분방하게 지내기로 하겠다.

❸ 私(わたし)だって自分(じぶん)の人生(じんせい)をもっと自由奔放(じゆうほんぼう)に生(い)きてみたいと思(おも)わないでもない。
나 역시 자신의 인생을 좀 더 자유분방하게 살아 보고 싶다고 생각하지 않은 것도 아니다.

149 >>>> 자유자재 [自由自在(じゆうじざい)]

[意味]
- 🇯🇵 どのようにでも思(おも)うままにすること
- 🇰🇷 어떻게라도 생각하는 대로 하는 것

[用法] 自由自在(じゆうじざい)는 '自由自在(じゆうじざい)に使(つか)いこなす(자유자재로 잘 사용하다)'처럼 명사로 사용된다.

[例]

❶ あの山(やま)を自由自在(じゆうじざい)に登(のぼ)り降(お)りできる者(もの)など、非常(ひじょう)に限(かぎ)られている。
저 산을 자유자재로 오르내릴 수 있는 자 등은 매우 한정되어 있다.

❷ 電子(でんし)の運動(うんどう)に応(おう)じて自由自在(じゆうじざい)に広(ひろ)がったり縮(ちぢ)んだりするのは奇妙(きみょう)なものだ。
전자 운동에 따라 자유자재로 확대되거나 수축하기도 하는 것은 기묘한 것이다.

❸ 背中(せなか)のひれで自由自在(じゆうじざい)に泳(およ)げ、前(まえ)を向(む)いたまま後(うし)ろに移動(いどう)することもできる。
등 지느러미로 자유자재로 헤엄칠 수 있고 앞을 향한 채 뒤로 이동할 수도 있다.

150 >>> 자포자기 [自暴自棄 (じぼうじき)] ☐☐☐☐

意味
- 🇯 自分(じぶん)の思(おも)い通(どお)りにならないからと、投(な)げやりになって自分(じぶん)の身(み)を粗末(そまつ)に扱(あつか)うこと
- 🇰 자기 생각대로 되지 않는다고 될 대로 되라는 식으로 자신을 소홀히 다룸

用法 自暴自棄(じぼうじき)는 '自暴自棄(じぼうじき)になる(자포자기하게 되다)', '自暴自棄(じぼうじき)の行為(こうい)(자포자기 행위)'처럼 명사로 사용된다.

例

❶ それはほとんど自殺行為(じさつこうい)といってもよい自暴自棄(じぼうじき)のドライビングだった。
그것은 거의 자살행위라고 해도 좋을 자포자기의 드라이빙이었다.

❷ 私(わたし)は別(べつ)に途方(とほう)に暮(く)れていたのでも自暴自棄(じぼうじき)になっていたのでもない。
나는 그다지 어찌 할 바를 모르고 있었던 것도, 자포자기하고 있었던 것도 아니다.

❸ 少(すく)なくとも自暴自棄(じぼうじき)にはなってくれるなよ、と願(ねが)わずにはいられなかった。
적어도 자포자기는 하지 말아 달라고 빌지 않을 수 없었다.

151 〉〉〉 자화자찬 [自画自賛(じがじさん)] □□□□

意味
- 🇯🇵 自分(じぶん)で描(か)いた絵(え)に自分(じぶん)で賛(さん)を書(か)くことから、自分(じぶん)で自分(じぶん)のことを褒(ほ)めること
- 🇰🇷 자기가 자신에 대해 칭찬하는 것

用法 自画自賛(じがじさん)은 '自画自賛の話(じがじさんのはなし)(자화자찬의 이야기)', '自画自賛をする(じがじさんをする)(자화자찬을 하다)' 처럼 명사로 사용된다.

例

❶ 絵画(かいが)の作者(さくしゃ)自(みずか)らが賛(さん)を作品(さくひん)に書(か)き入(い)れることを自画自賛(じがじさん)と言(い)う。
회화의 작자 스스로가 제문을 작품에 써 넣는 것을 자화자찬이라고 한다.

❷ 知(し)ったかぶりの自画自賛(じがじさん)をしていると、無知(むち)がばれた時(とき)に大恥(おおはじ)をかく。
아는 척의 자화자찬을 하다 보면 무지를 들켰을 때 큰 망신을 당한다.

❸ この回想録(かいそうろく)を「妬(ねた)みと悪意(あくい)が濃(こ)く混(ま)じった将軍(しょうぐん)の自画自賛(じがじさん)の例(れい)」と呼(よ)んでいる。
이 회상록을 '질투와 악의가 짙게 섞인 장군 자화자찬의 예'라고 부르고 있다.

152 >>> 재삼재사　[再三再四]　さいさんさいし

[意味]
- ⓙ ある言動を何度も繰り返すさま
- ⓚ 어떤 언동을 여러 번 반복함

[用法] 再三再四는 '再三再四試みる・求める(재삼재사 시도하다・요구하다)'처럼 명사나 부사로 사용된다.

[例]

❶ 方法を変えて再三再四試みたが、それでもウランは検出されなかった。
방법을 바꿔 재삼재사 시도했지만 그래도 우라늄은 검출되지 않았다.

❷ なんとか本格ウイスキーを造りたいと、再三再四、機会を求めてはいた。
어떻게든 본격 위스키를 만들고 싶다고, 재삼재사, 기회를 요구하고는 있었다.

❸ 自由への望みを託した前進を阻むその冷たい壁を彼は再三再四、指で撫で回してみた。
자유에 대한 희망을 건 전진을 가로막는 그 차가운 벽을 그는 재삼재사 손가락으로 쓰다듬어 보았다.

153 >>> 적자생존 [適者生存] □□□□

意味 🇯🇵 生存競争の世界で、ある環境に最も適した生物だけが生き残って子孫を残すということ

🇰🇷 생존경쟁의 세계에서 어떤 환경에 가장 적합한 생물만이 살아남는 것

用法 適者生存은 '適者生存の法則·社会(적자생존의 법칙·사회)'처럼 명사로 사용된다.

例

❶ この過程を生存競争、適者生存などのフレーズを用いて説明した。
이 과정을 생존경쟁, 적자생존 등의 문구를 이용하여 설명했다.

❷ すなわち、遺伝子の広まりの決定要因には運のよさと適者生存が関係している。
즉 유전자 확산의 결정 요인에는 운이 좋은 것과 적자생존이 관계하고 있다.

❸ 生存競争は相変わらず激烈であり、自然淘汰、適者生存の原則はどこまでも行われている。
생존경쟁은 여전히 치열하며 자연도태, 적자생존의 원칙은 끝없이 행해지고 있다.

154 〉〉〉 적재적소　　　[適材適所] てきざいてきしょ □□□□

[意味]
㊐ その人の能力や適性を考慮して、その人にふさわしい地位や仕事に付けること
㊗ 그 사람의 능력이나 적성을 고려하여 그 사람에 맞는 지위나 일을 주는 것

[用法] 適材適所는 '適材適所の人事・配置(적재적소의 인사·배치)'처럼 명사로 사용된다.

[例]

❶ 隊員の大部分の人は、それぞれ適材適所の任務を分担していた。
대원 대부분의 사람은 각자 적재적소의 임무를 분담하고 있었다.

❷ 一応賛成であるが、適材適所の法則はいかなる時代においても奨励されなければならない。
일단 찬성이지만, 적재적소의 법칙은 어떠한 시대에서도 장려되어야 한다.

❸ 当時の最高級材が適材適所に用いられ、現在では入手不可能な木材も多く用いられている。
당시 최고급 자재가 적재적소에 사용되어 현재는 입수 불가능한 목재도 많이 사용되어 있다.

155 >>>> 전광석화 [電光石火]

意味
- ㊐ 時間が極めて短いこと、また動作などが極めて素早いこと
- ㊠ 시간이 매우 짧거나 동작 등이 매우 빠른 것

用法 電光石火는 '電光石火の早業(전광석화의 빠른 솜씨)'처럼 명사로 사용된다.

例

❶ この電光石火の組閣とその人事もなかなか評判はよかったのだ。
이 전광석화의 조각과 그 인사도 꽤 평판은 좋았다.

❷ 記録上は45分でのゴールとなり、まさに電光石火の早業であった。
기록상은 45분 만의 골이 되어, 그야말로 전광석화의 빠른 솜씨였다.

❸ それまでの重々しい挙止とは別人のような、電光石火の動作であった。
그때까지의 무거운 몸짓과는 다른 사람과 같은 전광석화의 동작이었다.

156 〉〉〉 전대미문　　[前代未聞(ぜんだい みもん)] ☐☐☐☐

意味
- 🇯 これまで一度(いちど)も聞(き)いたことがないこと
- 🇰 지금까지 한 번도 들은 적이 없는 것

用法　前代未聞(ぜんだい みもん)은 '前代未聞(ぜんだい みもん)だ/である(전대미문이다)', '前代未聞の事態(ぜんだい みもん じたい)(전대미문의 사태)'처럼 명사로 사용된다.

例

❶ この前代未聞(ぜんだい みもん)の行為(こうい)が巻(ま)き起(お)こした騒(さわ)ぎは、今(いま)でも人(ひと)の記憶(きおく)に残(のこ)っている。
이 전대미문의 행위가 불러일으킨 소동은 지금도 사람들 기억에 남아 있다.

❷ 最終的(さいしゅうてき)に番組終了(ばんぐみしゅうりょう)までに免許取得(めんきょしゅとく)に失敗(しっぱい)するという前代未聞(ぜんだい みもん)の事態(じたい)となった。
최종적으로 프로그램 종료까지 면허 취득에 실패한다는 전대미문의 사태가 되었다.

❸ 月(つき)は雲(くも)の中(なか)から現(あら)われたが、こんなふうに姿(すがた)を見(み)せたのは、前代未聞(ぜんだい みもん)のことであった。
달은 구름 속에서 나타났지만, 이런 식으로 모습을 보인 것은 전대미문의 일이었다.

157 〉〉〉 전도양양 [前途洋々]

意味
- ㊐ 将来、先行が広く開かれていること
- ㊧ 장래 앞길이 크게 펼쳐져 있음

用法 前途洋々는 '前途洋々だ/である(전도양양하다)', '前途洋々の青年(전도양양한 청년)', '前途洋々たる未来(전도양양한 미래)'처럼 명사나 형용동사로 사용된다.

例

❶ 僕は一流大学の医学部を出て、前途洋々たる未来に向かってすすみはじめていた。
나는 일류 대학의 의학부를 나와, 전도양양한 미래를 향해 막 나아가고 있었다.

❷ 私より十歳も若いが階級は同じで、つまり彼は前途洋々のキャリア官僚なのであった。
나보다 열 살이나 어리지만, 계급은 같아, 요컨데 그는 전도양양한 캐리어(고시파) 관료였다.

❸ 割れた硝子の下から、前途洋々の青年と幸せに満ちた花嫁の白黒写真が天を仰いでいた。
깨진 유리 밑에서 전도양양한 청년과 행복이 가득한 신부의 흑백사진이 하늘을 쳐다보고 있었다.

158 >>> 전도유망 [前途有望]

意味
- 🇯🇵 将来に大いに見込みがあり、活躍が期待されること
- 🇰🇷 앞 길에 크게 전망이 있음

用法 前途有望는 '前途有望だ/である(전도유망하다)', '前途有望の青年(전도유망한 청년)', '前途有望な若者(전도유망한 젊은이)'처럼 명사나 형용동사로 사용된다.

例

❶ 機智に富む前途有望の青年で、責任感に強く、職務には忠実だった。
기지가 풍부한 전도유망한 청년으로 책임감이 강하고 직무에는 충실했다.

❷ 最初の2年間の進歩は目覚ましく、前途有望であったが、3年次に音楽の道を断念してしまう。
처음 2년간의 진보는 눈부시고 전도유망했지만, 3년 차에 음악의 길을 단념하고 만다.

❸ 結果としてこの処分が、前途有望と思われていた彼女のキャリアを終わらせることになった。
결과로써 이 처분이 전도유망하다고 생각되던 그녀의 캐리어를 끝나게 하는 것이 되었다.

159 >>>> 전인미답 [前人未到]

意味
- ⓙ いままでだれも到達していないこと
- ⓚ 지금까지 아무도 도달하지 못한 것

用法 前人未到는 '前人未到の記録・偉業(전인미답의 기록・위업)'처럼 명사로 사용된다.

例

❶ その中でも辞書史の研究は前人未到の境地を拓いたと評価されている。
그중에서도 사전사의 연구는 전인미답의 경지를 개척했다고 평가되고 있다.

❷ 出場した全ての大会で優勝を浚うという前人未到の記録を打ち立てている。
출전한 모든 대회에서 우승을 휩쓴다는 전인미답의 기록을 세우고 있다.

❸ それでも前人未到の同一アルバムから五曲連続の一位獲得は偉業である。
그래도 전인미답의 동일 앨범으로부터 5곡 연속 1위 획득은 위업이다.

160 >>> 전전긍긍 [戰々恐々] せんせんきょうきょう

[意味]
- ⓙ 恐(おそ)れてびくびくするさま
- ⓚ 두려워하여 움찔거리는 모습

[用法] 戰々恐々(せんせんきょうきょう)는 '戰々恐々だ/である(전전긍긍하다)', '戰々恐々とする(전전긍긍하다)' 처럼 명사로 사용된다.

[例]

❶ 今(いま)まで何(なに)が起(お)こるのかと戰々恐々(せんせんきょうきょう)だったし、現時点(げんじてん)も確(たし)かに良(よ)くない。
지금까지 무슨 일이 일어나는 것인가 하고 전전긍긍했고, 현시점도 확실히 좋지 않다.

❷ 女性(じょせい)や子供(こども)は城壁(じょうへき)が破(やぶ)られたらどうなるのかと、戰々恐々(せんせんきょうきょう)としている。
여자와 아이들은 성벽이 뚫리면 어떻게 되는 것인가 하고 전전긍긍하고 있다.

❸ それにいつ支店長(してんちょう)の椅子(いす)を追(お)われるかと思(おも)って、戰々恐々(せんせんきょうきょう)としている。
게다가 언제 지점장의 자리를 쫓겨날까 하고 생각하여 전전긍긍하고 있다.

161 >>> 전지전능 [全知全能]

意味
- 🇯 すべてのことを知り尽くし、行える完全無欠の能力のこと
- 🇰 모든 일을 아주 잘 알고 있고 할 수 있는 완전무결한 능력

用法 全知全能는 '全知全能の神(전지전능한 신)', '全知全能である(전지전능하다)'처럼 명사로 사용된다.

例

❶ 自分の意志とはうらはらに、彼は敵の全知全能を信じていた。
자신의 의지와는 반대로 그는 적의 전지전능을 믿고 있었다.

❷ 神は全知全能であるということ、それ以上のことは人間が知りようがない。
신은 전지전능하다고 하는 것, 그 이상의 것은 인간이 알 도리가 없다.

❸ たった数時間でこんなことになるなど全知全能の神だって予想ができなかっただろう。
단 몇 시간 만에 이렇게 되다니, 전지전능한 신이라도 예상할 수 없었을 것이다.

162 >>>> 절차탁마 [切磋琢磨(せっさたくま)] □□□□

[意味]
- 🇯🇵 学問・技芸などに励み、人格を高めること
- 🇰🇷 학문·기예 등에 힘써 인격을 높임

[用法] 切磋琢磨(せっさたくま)는 '切磋琢磨(せっさたくま)する(절차탁마하다)'처럼 명사나 동사(~する)로 사용된다.

[例]

❶ 当初(とうしょ)は憎(にく)み合(あ)っていたが、やがて友情(ゆうじょう)が芽生(めば)え、互(たが)いに切磋琢磨(せっさたくま)していく。
처음에는 서로 미워했었지만, 이윽고 우정이 싹터, 서로 절차탁마해 간다.

❷ 他社(たしゃ)や他(ほか)の技術者(ぎじゅつしゃ)との切磋琢磨(せっさたくま)によって、時計(とけい)の正確(せいかく)さはさらに増(ま)していった。
타사나 다른 기술자와의 절차탁마에 의해 시계의 정확성은 한층 더 증가해 갔다.

❸ 運動部(うんどうぶ)・文化部(ぶんかぶ)ともに日々(ひび)の活動(かつどう)に切磋琢磨(せっさたくま)し、それぞれ良(よ)い成果(せいか)を上(あ)げている。
운동부·문화부 모두 매일의 활동에 절차탁마하여 각각 좋은 성과를 올리고 있다.

163 〉〉〉 절체절명　　[絶体絶命]

[意味]
- ⓐ 追い詰められて、どうにも逃れようのない状態や立場にあること
- ⓚ 궁지에 몰려 아무리 해도 벗어날 수 없는 상태나 입장

[用法] 絶体絶命는 '絶体絶命の状態(절체절명의 상태)', '絶体絶命である(절체절명이다)' 처럼 명사로 사용된다.

[例]

❶ こうなると彼も絶体絶命で、やはり前の契約を承諾するほかはなかった。
이렇게 되면 그도 절체절명으로 역시 전의 계약을 승낙할 수밖에는 없었다.

❷ ぼくの場合常に絶体絶命の状態に置かれなければアイデアが浮かんでこない。
나의 경우 항상 절체절명 상태에 놓이지 않으면 아이디어가 떠오르지 않는다.

❸ その雲を眼で追っているうちに、もう絶体絶命だという気持ちが胸に迫ってきた。
그 구름을 눈으로 쫓고 있는 사이에 이제 절체절명이라는 기분이 가슴에 다가왔다.

164 〉〉〉 정정당당　　[正々堂々 せいせいどうどう] ☐☐☐☐

意味
- ㊐ 態度や手段が正しく立派なさま
- ㊗ 태도나 수단이 바르고 훌륭한 모습

用法 正々堂々는 '正々堂々と戦う(정정당당하게 싸우다)', '正々堂々とやる(정정당당하게 하다)'처럼 명사나 형용동사(~と/たる)로 사용된다.

例

❶ 彼女の方から見ても、あの仕打ちは正々堂々としたものではなかった。
그녀 쪽에서 보아도 그 처사는 정정당당한 것이 아니었다.

❷ 正々堂々、決闘によって相手を殺した場合は罪に問われることはない。
정정당당하게 결투에 의해 상대를 죽인 경우는 죄를 묻는 일은 없다.

❸ 相手の正面側からまず自分の名を名乗り、正々堂々と闘うのが美徳とされた。
상대 정면 쪽에서 우선 자신의 이름을 대고 정정당당하게 싸우는 것이 미덕으로 여겨졌다.

165 >>> 제행무상 [諸行無常] しょぎょうむじょう

意味
- 🇯 この世の万物は常に変化して、ほんのしばらくも止まるものはないこと
- 🇰 이 세상의 만물은 늘 변화하여 아주 잠시도 멈추는 것은 없음

用法 諸行無常는 '諸行無常という言葉(제행무상이란 말)', '諸行無常である(제행무상이다)', '諸行無常の人生(제행무상의 인생)'처럼 명사로 사용된다.

例

❶ さすがに彼の顔に言葉通り、諸行無常といった翳りが流れた。
정말로 그의 얼굴에 문자 그대로 제행무상이라고 하는 그림자가 흘렀다.

❷ 諸行無常の思いを歌った昔の歌人の文句がチラっと頭に浮かんだ。
제행무상의 마음을 노래한 옛 가인의 문구가 얼핏 머리에 떠올랐다.

❸ その功績は認めなければならないが、この世のことは何事も諸行無常である。
그 공적은 인정해야 하지만, 이 세상의 일은 어떤 것도 제행무상이다.

166 >>> 조령모개 [朝令暮改 ちょうれい ぼ かい] ☐☐☐☐

意味
- 🇯🇵 朝出した命令を夕方には変更すること
- 🇰🇷 아침에 내린 명령을 저녁에는 변경하는 것

用法 朝令暮改는 '朝令暮改の政策(조령모개의 정책)', '朝令暮改的な指示(조령모개적인 지시)'처럼 명사로 사용된다.

例

❶ 互いの存在と自尊心をかけた闘いに朝令暮改はよくあることだった。
서로의 존재와 자존심을 건 싸움에 조령모개는 흔히 있는 일이었다.

❷ こうした朝令暮改は国民国家の遵法精神・法治の精神が育つことを妨げるものであった。
이러한 조령모개는 국민국가의 준법정신·법치의 정신이 성장하는 것을 방해하는 것이었다.

❸ 進駐軍当局は鉄道の運営について、しばしば朝令暮改的な指示を出し、運輸省側を困惑させた。
진주군 당국은 철도 운영에 대해 종종 조령모개적인 지시를 내려 운수성 측을 곤혹스럽게 했다.

167 >>>> 조삼모사　[朝三暮四]

意味　㊐ 言葉巧みに人を騙すこと

　　　㊵ 사람을 속이듯이 무언가를 이랬다저랬다 너무 쉽게 바꾸는 모습

用法　朝三暮四는 '朝三暮四の乱世(조삼모사의 난세)', '朝三暮四を見抜けない(조삼모사를 간파하지 못하다)'처럼 명사로 사용된다.

例

❶ この軍事同盟は朝三暮四の乱世には珍しく、十数年間、一度として改変されずに実施された。
이 군사동맹은 조삼모사의 난세에는 드물게 십수 년간 한 번도 바뀌지 않고 실시되었다.

❷ 朝三暮四は人を巧みに言いくるめて騙すこと、物事の根本的な違いに気付かない愚かな人を指す言葉となった。
조삼모사는 사람을 교묘하게 현혹하여 속이는 것, 사물의 근본적인 차이를 깨닫치 못하는 우매한 사람을 가리키는 말이 되었다.

❸ 彼らは朝三暮四、極端から極端へと移り変わっていって、すべてを知っていると公言したかと思えば、すぐ後では何にも知らないと公言した。
그들은 조삼모사 극단에서 극단으로 바뀌어 가며 모든 것을 알고 있다고 공언했나 싶으면 바로 다음에는 아무것도 모른다고 공언했다.

168 >>> 종횡무진　　　[縦横無尽] じゅうおう む じん　□□□□

[意味]
- ⓙ この上なく自由自在であること
- ⓚ 더할 나위 없이 자유자재임

[用法] 縦横無尽은 '縦横無尽の活躍(종횡무진의 활약)', '縦横無尽だ/である(종횡무진하다)'처럼 명사나 형용동사로 사용된다.

[例]

❶ 戦場を縦横無尽に駆け廻った老武士にその方の知識があるわけはない。
전쟁터를 종횡무진 누빈 늙은 무사에게 그쪽 지식이 있을 리는 없다.

❷ 庶民の味方の正義感で、様々な事件の解決に縦横無尽の活躍を見せる。
서민 편의 정의감으로 각종 사건 해결에 종횡무진 활약을 보인다.

❸ 彼は自分の野性を縦横無尽に発揮して、それを生き甲斐のある仕事と思っていた。
그는 자신의 야성을 종횡무진 발휘하며 그것을 삶의 보람이 있는 일로 생각하고 있었다.

169 좌고우면 [左顧右眄]

意味
- 🇯🇵 左を見たり右を見たりする意から周りを気にして決断をためらうこと
- 🇰🇷 왼쪽을 보거나 오른쪽을 보거나 하며 주위를 신경 써 결단을 못하는 것

用法 左顧右眄은 '左顧右眄の態度(좌고우면의 태도)', '左顧右眄する(좌고우면하다)'처럼 주로 명사나 동사(〜する)로 사용된다.

例

❶ すでにこの道に入った以上、左顧右眄すべきではない。
이미 이 길로 들어온 이상 좌고우면해서는 안 된다.

❷ ぎごちない身を人々の中において、時に左顧右眄することはあっても、たじろぐ気持ちはなかった。
거북한 몸을 사람들 속에서 때때로 좌고우면하는 일은 있어도 주저하는 마음은 없었다.

❸ 今から遡って考えて見れば、昨晩は頭が鈍くなっていたので、左顧右眄することが少なく進められた。
지금에서 거슬러 생각해 보면 어젯밤은 머리가 둔해 있어서 크게 좌고우면함 없이 진행할 수 있었다.

170 >>> 주객전도 [主客転倒] しゅかくてんとう

意味
- 🇯🇵 物事の本末・軽重などを取り違えること
- 🇰🇷 사물의 본말·경중 등을 뒤바뀌는 것

用法 主客転倒는 '主客転倒である(주객전도이다)', '主客転倒する(주객 전도되다)'처럼 명사나 동사(~する)로 사용된다. 한국어에서는 '주객전도이다, 주객이 전도하다/되다'처럼 사용된다.

例

❶ こういう主客転倒のような状態が時々われわれを途方に暮れさせた。
이런 주객전도와 같은 상태가 때때로 우리를 당혹스럽게 했다.

❷ 生むも殖やすも派生的なことであって、それを主体にするとは主客転倒である。
낳는 것도 늘리는 것도 파생적인 것으로 그것을 주체로 한다니 주객전도이다.

❸ 法定外の路面標示が法定の路面標示と主客転倒するような乱用は避けなければならない。
법정 외의 노면 표시가 법정 노면 표시와 주객 전도되는 그런 남용은 피해야 한다.

171 지리멸렬 [支離滅裂]

意味
- 🇯🇵 ばらばらで纏まりがないこと、筋道も何もなくむちゃくちゃなこと
- 🇰🇷 모두 따로따로로 잘 모아지지 않는 것

用法 支離滅裂는 '支離滅裂になる(지리멸렬이 되다, 지리멸렬해지다)', '支離滅裂な状態・話(지리멸렬한 상태・이야기)'처럼 명사나 형용동사로 사용된다.

例

❶ 最後に支離滅裂になって残るのは、ただ一つ度胸と勘だけであった。
마지막에 지리멸렬해져 남은 것은 오직 하나 배짱과 감뿐이었다.

❷ しばらくは支離滅裂な話に適当に相槌を打ち、頃合を見計らって尋ねた。
한동안은 지리멸렬한 이야기에 적당히 맞장구를 치다 적당한 때를 보아 물었다.

❸ 聞こえてくる言葉は次第に支離滅裂になり、ほとんど意味をなさなくなっている。
들려오는 말은 점점 지리멸렬해져 거의 의미를 잃어가고 있다.

172 >>> 징계면직 [懲戒免職 ちょうかいめんしょく] □□□□

[意味]
- 🇯🇵 公務員が懲戒処分としてその職をやめさせられること
- 🇰🇷 공무원의 징계처분으로 그 직을 그만두게 하는 것

[用法] 懲戒免職는 '懲戒免職の対象(징계면직의 대상)', '懲戒免職に/となる(징계면직이 되다)'처럼 명사로 사용된다.

[例]

❶ 発覚して懲戒免職となったが、前後して出国し、行方不明になっていた。
발각되어 징계면직이 되었지만, 전후하여 출국하고 행방불명이 되어 있었다.

❷ 新聞やテレビで実名が報道され、たとえ不起訴になっても懲戒免職は確実だ。
신문이나 TV에서 실명이 보도되어 설령 불기소가 되어도 징계면직은 확실하다.

❸ 同療のものが軽微な過失で懲戒免職になったので、憤慨して辞表を提出した。
동료인 자가 경미한 과실로 징계면직이 되어서 분개하여 사표를 제출했다.

173 >>> 천군만마 [千軍万馬 (せんぐんばんば)]

意味
- 🇯🇵 多くの兵馬と大軍、また何度も戦場に出て戦闘の経験が豊富であること
- 🇰🇷 많은 병마와 대군, 또는 여러 번 전장에 나가 전투 경험이 풍부한 것

用法 千軍万馬는 '千軍万馬の武将(천군만마의 무장)', '千軍万馬を得る(천군만마를 얻다)'처럼 명사로 사용된다.

例

❶ 千軍万馬の中で、彼は勝ったこともあれば負けたこともある。
천군만마 속에서 그는 이긴 적도 있고 진 적도 있다.

❷ この両腕に剣を握らせれば、千軍万馬も一討ちにするだろう。
이 두 팔에 검을 쥐게 하면 천군만마도 단번에 쓰러트릴 것이다.

❸ 気の緩みか、千軍万馬の錚々たる武将たちは競って遊女に戯れた。
마음의 해이인지 천군만마의 쟁쟁한 장수들은 다투어 유녀를 희롱했다.

174 천재일우 [千載一隅] (せんざいいちぐう)

意味
- ㊐ 千年に一度しか巡り会えないほど稀なこと
- ㊄ 천년에 한 번밖에 만날 수 없을 정도로 드문 것

用法 千載一隅는 '千載一隅のチャンス・機会(천재일우의 기회・찬스)'처럼 명사로 사용된다.

例

❶ この千載一隅のチャンスに何としてでも武士として一花咲かせたかった。
이 천재일우의 기회에 어떻게든 무사로서 한번 크게 꽃피우고 싶었다.

❷ 千載一隅の好機を逸した事を残念に思い、夢魔に憑かれたようになった。
천재일우의 호기를 놓친 것을 유감스럽게 생각해, 몽마에 홀린듯이 되었다.

❸ そんな千載一隅のチャンスにぶつかれば、私だって遣る気にならないとは限らない。
그런 천재일우의 기회에 맞닥뜨리면 나 역시 할 마음이 생기지 않는다고는 할 수 없다.

175 〉〉〉 천지신명 [天地神明] □□□□

[意味]
- ㊐ 天地のすべての神々
- ㊚ 천지의 모든 신

[用法] 天地神明는 '天地神明に祈る(천지신명에 빌다)', '天地神明に誓う(천지신명에게 맹세하다)'처럼 명사로 사용된다.

[例]

❶ 牛や馬を殺して天地神明に祈り、一同の新たな結束を祝った。
소와 말을 죽여 천지신명에게 빌며 일동의 새로운 결속을 축하했다.

❷ 地区の保安責任者は、天地神明にかけ、ネズミ一匹も通さないと断言している。
지구 보안 책임자는 천지신명에 걸고 쥐 한 마리도 통과시키지 않겠다고 단언하고 있다.

❸ 費消するに当っては、天地神明に背かず、納税者を納得させる理がなければならない。
사용함에 있어서는 천지신명에 거스르지 않고 납세자를 납득시킬 이치가 있어야 한다.

176 〉〉〉〉 천차만별 [千差万別/せんさばんべつ] ☐☐☐☐

意味
🇯🇵 色々な種類があって、その違いも様々であること

🇰🇷 여러 종류가 있고 그 차이도 여러 가지임

用法 千差万別는 '千差万別である(천차만별이다)', '千差万別な意見(천차만별의 의견)'처럼 명사나 형용동사로 사용된다.

例

❶ これはもう十人十色と言うか百人百色と言うか、本当に千差万別である。
이것은 이제 십인십색이라고 할까 백인백색이라고 할까, 정말 천차만별이다.

❷ みんな光を美しく反射する虹色の甲羅を持っていたが、姿は千差万別だった。
모두 빛을 아름답게 반사하는 무지개색 등딱지를 들고 있었지만, 모습은 천차만별이었다.

❸ その目的は人により千差万別であり、それぞれの目的に合った登山の方法がある。
그 목적은 사람에 따라 천차만별이며, 각자의 목적에 맞는 등산 방법이 있다.

177 >>> 천편일률　　[千篇一律]

意味
- 日　多くのものがみな同じような傾向で変化や面白味に欠けること
- 韓　많은 것이 모두 같은 경향으로 변화나 재미가 없음

用法　千篇一律는 '千篇一律である(천편일률이다)'처럼 명사로 사용된다. 한국어에서는 '천편일률의 ~, 천편일률적이다'처럼 사용된다.

例

❶ 最近はやや変化が見られるようになったが、各紙とも千篇一律、ほとんど同じだ。
최근에는 다소 변화를 볼 수 있게 되었지만, 각 신문 모두 천편일률 거의 같다.

❷ 脚色映画のどれもが千篇一律の体を見せたとしても、それは映画の責任ではない。
각색 영화의 모든 것이 천편일률적인 체제를 보였다고 해도 그것은 영화의 책임이 아니다.

❸ いわゆる名士の言葉は内容表現ともに千篇一律に陥っていて、国民はもう聞こうとしない。
이른바 명사의 말은 내용표현 모두 천편일률에 빠져 있어 국민은 더이상 들으려 하지 않는다.

178 >>> 청렴결백　　　[清廉潔白]せいれんけっぱく □□□□

意味
- 🇯🇵 心(こころ)が清(きよ)くて私欲(しよく)のないこと
- 🇰🇷 마음이 맑고 깨끗하며 탐욕이 없음

用法 清廉潔白(せいれんけっぱく)는 '清廉潔白を保(たも)つ(청렴결백을 지키다)', '清廉潔白だ/である(청렴결백하다)', '清廉潔白さ(청렴결백함)'처럼 명사나 형용동사로 사용된다.

例

❶ この地位(ちい)につくまで政治(せいじ)というのは清廉潔白(せいれんけっぱく)でなければならぬと考(かんが)えていた。
　그 지위에 오르기까지 정치란 청렴결백하지 않으면 안 된다고 생각하고 있었다.

❷ その清廉潔白(せいれんけっぱく)さは、まるで漂白剤(ひょうはくざい)で全(すべ)てを洗(あら)い流(なが)したような不気味(ぶきみ)さがあった。
　그 청렴결백함은 마치 표백제로 모든 것을 씻어 흘려버린 듯한 그런 섬뜩함이 있었다.

❸ 彼(かれ)は説教(せっきょう)の成功(せいこう)と同(おな)じくらい清廉潔白(せいれんけっぱく)にして禁欲的(きんよくてき)な生涯(しょうがい)からも名声(めいせい)を博(はく)している。
　그는 설교의 성공과 같은 정도로 청렴결백하고 금욕적인 일생으로부터도 명성을 떨치고 있다.

179 〉〉〉 최후통첩　　　[最後通牒(さいごつうちょう)]　□□□□

[意味]
㊐ 紛争当事国の一方が、平和的な外交交渉を打ち切って自国の最終的要求を相手国に提出し、それが一定期限内に受け入れられなければ自由行動をとることを述べた外交文書

㊵ 최종적인 요구를 제시하고 수락되지 않으면 실력 행사를 하겠다는 뜻을 밝히는 일이나 그 외교문서

[用法] 最後通牒は '最後通牒が来る(최후통첩이 오다)', '最後通牒を突き付ける(최후통첩을 날리다)', '最後通牒の日(최후통첩의 날)'처럼 명사로 사용된다.

[例]

❶ 攻撃の噂はそれ以前にも絶えなかったが、これが実際の最後通牒となった。
공격의 소문은 그 이전에도 끊이지 않았는데, 이것이 실제 최후통첩이 되었다.

❷ 国民はこの要求の最後通牒を受けた日と受諾した日を国恥記念日と呼んだ。
국민은 이 요구의 최후통첩을 받은 날과 수락한 날을 국치 기념일이라 부른다.

❸ 父にいま最後通牒を突き付けると、とりあえず親のカサを失うことになって都合が悪い。
아버지에게 지금 최후통첩을 날리면 우선 부모의 보호를 잃게 되어 상황이 안 좋다.

180 >>> 취사선택　　[取捨選択]　
しゅしゃせんたく

意味
- ⓙ よい物や必要な物を取り、悪い物や不要な物を捨てるということの選択
- ㉠ 좋거나 필요한 것을 취하고, 나쁘거나 불필요한 것을 버린다는 선택

用法 取捨選択는 '取捨選択する/される(취사선택하다/되다)' 처럼 명사나 동사(~とする) 사용된다.

例

❶ 情報を収集し、分析し、取捨選択して必要なものを司令官に提出する。
정보를 수집하고, 분석하고, 취사선택하여 필요한 것을 사령관에게 제출한다.

❷ 本作は様々な異なるジャンルの曲を作曲し、取捨選択しながら制作された。
이 작품은 여러 서로 다른 장르의 곡을 작곡하여 취사선택하면서 제작되었다.

❸ 清酒酵母も歴史のなかで人間に取捨選択されて受け継がれてきたわけである。
청주효모도 역사 속에서 인간에게 취사선택 되어 계승되어온 것이다.

181 》》》 칠전팔기 　　[七転八起] しちてんはっき

意味
- 🇯🇵 何度失敗しても挫けずそのたびに立ち上がって奮闘すること
- 🇰🇷 몇 번을 실패해도 꺾이지 않고 그때마다 일어서서 분투함

用法 七転八起는 '七転八起の精神(칠전팔기의 정신)'처럼 명사로 사용되며, 풀어서 '七転び八起き'라고도 한다.

例

❶ これは何度倒しても起き上がることから「七転八起」の精神を含有している。
　이것은 몇 번 쓰러트려도 일어나는 것으로부터 칠전팔기의 정신을 함유하고 있다.

❷ 男は脇に差していた扇を開くと、達磨が描かれ、七転八起とその右肩に書かれていた。
　남자는 옆에 차고 있던 부채를 펴자, 달마가 그려지고 칠전팔기라고 그 오른쪽 어깨 부분에 쓰여 있었다.

❸ 私が先頭に立ち、文字通り倒けつ転びつ七転八起、目標の船のすぐそばまで辿り着いた。
　내가 선두에 서서 문자 그대로 쓰러지다 구르며 칠전팔기, 목표인 배 바로 옆까지 당도했다.

182 〉〉〉 침소봉대 [針小棒大 しんしょうぼうだい] □□□□

意味
- 🇯🇵 針ほどの小さいことを棒のように大きく言う意から、ちょっとしたことを大げさに言い立てること
- 🇰🇷 바늘 정도의 작은 것을 몽둥이처럼 크게, 즉 사소한 일을 과장하여 말함

用法 針小棒大(しんしょうぼうだい)는 '針小棒大である(침소봉대이다)', '針小棒大する(침소봉대하다)'처럼 명사나 동사(~する)로 사용된다.

例

❶ 噂(うわさ)は針小棒大(しんしょうぼうだい)であり、火(ひ)のない所(ところ)にあげた煙(けむり)のようなものだった。
소문은 침소봉대로 불이 없는 곳에 지펴 올린 연기와 같은 것이었다.

❷ 嘘(うそ)をつくことも、針小棒大(しんしょうぼうだい)に言(い)うこともできるし、誤解(ごかい)されることもある。
거짓말을 할 수도 침소봉대하여 말할 수도 있고, 오해받는 일도 있다.

❸ いずれにせよ現代(げんだい)の日本(にほん)は大(おお)げさ社会(しゃかい)、針小棒大社会(しんしょうぼうだいしゃかい)、といってもよろしい。
어쨌든 현대의 일본은 과장 사회, 침소봉대 사회라고 해도 좋다.

183 >>>> 파란만장 [波乱万丈]

意味
㊐ 大波小波が落差激しく次々とうねり来るように人生の浮き沈みが極めて激しく劇的であるさま

㉗ 크고 작은 파도가 계속 밀려오듯이 인생의 부침이 지극히 격하고 극적인 모습

用法 波乱万丈는 '波乱万丈の人生・生涯(파란만장한 인생・생애)', '波乱万丈な経験・物語(파란만장한 경험・이야기)'처럼 명사나 형용동사로 사용된다.

例

❶ 仕事も私生活もうまくいかない彼女は波乱万丈の日々を過ごしている。
일도 사생활도 잘 안되는 그녀는 파란만장한 나날을 보내고 있다.

❷ ブロードウェイの頂点を目指す二人には波乱万丈の人生が待ち受けていた。
브로드웨이의 정점을 노리는 두 사람에게는 파란만장한 인생이 기다리고 있었다.

❸ 俳優を目指した理由は、幼少期の憧れと自身の波乱万丈な経験を活かすためだった。
배우를 목표로 한 이유는 어린 시절의 동경과 자신의 파란만장한 경험을 살리기 위해서였다.

184 〉〉〉 평온무사　　　[平穏無事(へいおんぶじ)] ☐☐☐☐

[意味]
🇯 変(か)わったこともなく穏(おだ)やかなさま

🇰 변함없이 온화한 모습

[用法] 平穏無事(へいおんぶじ)는 '平穏無事(へいおんぶじ)の/な日々(ひび)(평온무사한 나날)', '平穏無事(へいおんぶじ)を祈(いの)る(평온무사를 빌다)'처럼 명사나 형용동사로 사용된다.

[例]

❶ 自分(じぶん)の生活(せいかつ)の平穏無事(へいおんぶじ)さえ保障(ほしょう)されていればそれでよいのだ。
자기 생활의 평온무사함만 보장돼 있으면 그것으로 족하다.

❷ 私(わたし)はなるべく彼女(かのじょ)の顔(かお)を見(み)ないようにし、もっぱら平穏無事(へいおんぶじ)を祈(いの)ってきた。
나는 가능한 한 그녀의 얼굴을 보지 않도록 하며 오로지 평온무사를 빌어 왔다.

❸ この間(かん)、敵(てき)は現(あら)われなかったから、平穏無事(へいおんぶじ)の日々(ひび)を過(す)ごすことができた。
이 사이 적은 나타나지 않았기 때문에 평온무사한 나날을 보낼 수 있었다.

185 〉〉〉 포복절도 [抱腹絶倒] (ほうふくぜっとう)

意味
- 🇯 腹を抱えて大笑いすることとまたそのさま
- 🇰 배를 쥐고 크게 웃는 것

用法 抱腹絶倒는 '抱腹絶倒の番組(포복절도할 프로그램)', '抱腹絶倒する(포복절도하다)'처럼 명사나 동사(〜する)로 사용된다.

例

❶ 彼の演説は聴き手を抱腹絶倒させ、その寄稿はずばぬけていた。
그의 연설은 듣는 사람을 포복절도하게 하고, 그 기고는 뛰어났다.

❷ 話上手で、しばしば座中の人が抱腹絶倒するようなユーモラスな話をした。
말을 잘하고 종종 좌중의 사람이 포복절도하는 그런 유머러스한 이야기를 했다.

❸ 我々なら抱腹絶倒してしまうようなことがそこでは極めて壮厳なものだと思われている。
우리라면 포복절도해 버릴 그런 일이 그곳에서는 지극히 장엄한 것이라고 생각되고 있다.

186 〉〉〉 품행방정 [品行方正 ひんこうほうせい] ☐☐☐☐

[意味]
- 🇯🇵 心や行いが正しく立派なさま
- 🇰🇷 품행과 행실이 반듯하고 바름

[用法] 品行方正는 '品行方正である(품행 방정하다)', '品行方正な人物(품행 방정한 인물)'처럼 명사나 형용동사로 사용된다. 한국에서는 주로 '품행이 방정하다'처럼 사용한다.

[例]

❶ 品行方正の仮面を被って、裏で悪さばかりしているのがばれた。
품행 방정의 가면을 쓰고 뒤에서 못된 짓만 하다가 들통이 났다.

❷ これからは品行方正で誠実に勉強する人物でなければ世に立つ事が出来ん。
앞으로는 품행 방정하고 성실하게 공부하는 인물이 아니면 세상에 나올 수 없다.

❸ 卒業証書には常に品行方正で、性格は几帳面な勤勉さを持っていたと記された。
졸업장에는 항상 품행 방정하고 성격은 꼼꼼한 근면함을 지녔다고 기록되었다.

187 》》》 피해망상　[被害妄想]　□□□□

意味
- 🇯🇵 自分が他人から危害を受けていると思い込む妄想
- 🇰🇷 자신이 타인에게서 위해를 받고 있다고 믿는 망상

用法 被害妄想는 '被害妄想である(피해망상이다)', '被害妄想に陥る(피해망상에 빠지다)'처럼 명사로 사용된다.

例

❶ 誰かが自分を抹殺しようと企んでいると喚き、被害妄想がひどかった。
누군가가 자신을 말살하려고 꾸미고 있다고 아우성치고 피해망상이 심했다.

❷ この種の被害妄想は麻薬中毒の末期にはしばしば見られる傾向なのである。
이런 종류의 피해망상은 마약 중독 말기에는 종종 볼 수 있는 경향이다.

❸ 気づかないうちに罪の意識でも感じて、身勝手な被害妄想を生んでいたのだ。
모르는 사이에 죄의식이라도 느껴 제멋대로인 피해망상을 낳고 있었던 것이다.

188 >>> 태연자약 [泰然自若]

意味
- 🇯🇵 ゆったりと落ち着いていて動揺しないさま
- 🇰🇷 마음에 어떤 충동을 받아도 움직임이 없이 천연스러움

用法 泰然自若는 '泰然自若の様子(태연자약의 모습)', '泰然自若とする(태연자약하다)' 처럼 명사나 형용동사(~と, たる)로 사용된다.

例

❶ この泰然自若の様子が英雄に必須のくそ度胸、器の大きさでなくてはならない。
이 태연자약의 모습이 영웅에 필수인 강심장, 그릇의 크기가 아니면 안 된다.

❷ 負傷の治療を受けた時も泰然自若とし、検視の役人はもちろん医者も驚嘆した。
부상 치료를 받은 때도 태연자약하여 검시 공무원은 물론 의사도 경탄했다.

❸ 泰然自若としすぎてふてぶてしく見えるかもしれないが、質問にはすべて答えている。
지나치게 태연자약하여 뻔뻔하게 보일지도 모르지만, 질문에는 모두 답하고 있다.

189 >>> 합종연횡 [合従連衡]

意味
- ㊐ その時の利害に従って結びついたり離れたりすること
- ㊗ 이해에 따라 합치거나 헤어지거나 하는 모습

用法 合従連衡는 '合従連衡の戦争(합종연횡의 전쟁)', '合従連衡が行われる(합종연횡이 이루어지다)', '合従連衡する(합종연횡하다)'처럼 명사나 동사(~する)로 사용된다.

例

❶ この協定が成立したのちも、勢力圏拡大を目論む三社は互いに合従連衡を続けた。
이 협정이 성립된 뒤도 세력권 확대를 꾀하는 3사는 서로 합종연횡을 이어갔다.

❷ 領袖たちの合従連衡によって首相は決まるのだから、おそらくこのとき豪勢な贈り物がなされるはずだ。
영수들의 합종연횡에 따라 수상은 정해지는 것이기에 아마 이때 굉장한 선물이 행해질 것이다.

❸ 反体制派組織は峻別されたものではなく、構成員の組織間移藉や組織間の合従連衡が繰り返されてきた。
반체제파 조직은 준별된 것이 아니라 구성원 조직 간 이적이나 조직 간 합종연횡이 반복되어 왔다.

190 >>> 허심탄회 [虚心坦懐] きょしんたんかい □□□□

意味
- ⒥ さっぱりした気持ちで物事に望むこと
- ㉠ 산뜻한 기분으로 사안에 임함

用法 虚心坦懐는 '虚心坦懐な態度(허심탄회한 태도)', '虚心坦懐に打ち明ける(허심탄회하게 털어놓다)'처럼 명사나 형용동사로 사용된다.

例

❶ 彼は平素虚心坦懐に人に接したので、交際も広く交友も多かった。
그는 평소 허심탄회하게 사람에게 접해서 교제도 넓고 교우도 많았다.

❷ 本当に他人のことを知りたければ、己を捨てて虚心坦懐にならなければならない。
정말로 타인에 대해 알고 싶으면 자기를 버리고 허심탄회하게 되어야 한다.

❸ 彼が虚心坦懐な態度で私を信ずれば信ずるほど、私はいよいよ彼から遠離るのを感ずる。
그가 허심탄회한 태도로 나를 믿으면 믿을수록 나는 더욱더 그에게서 멀어지는 것을 느낀다.

191 >>>> 호시탐탐 [虎視眈々] こしたんたん

意味
- 🇯🇵 虎が鋭い目付きで獲物を狙っているように油断なくじっと機会を狙っているさま
- 🇰🇷 호랑이가 날카로운 눈초리로 먹잇감을 노리듯 가만히 기회를 엿보는 모습

用法 虎視眈々은 '虎視眈々と狙う(호시탐탐 노리다)'처럼 명사나 형용동사(~と, たる)로 사용된다.

例

❶ 貴族にしろ平民にしろ、出世の機会を虎視眈々と狙っているやつはどこにでもいる。
귀족이든 평민이든 출세의 기회를 호시탐탐 노리고 있는 놈은 어디에나 있다.

❷ こうなるとビデオ市場への参入を虎視眈々と狙っていたカメラメーカーの出番である。
이렇게 되면 비디오 시장 진입을 호시탐탐 노리던 카메라 메이커가 나설 차례이다.

❸ ピッチのどこにいても矢のような視線を浴び、奴は虎視眈々と雪辱の機会を窺っている。
경기장 어디에 있어도 화살 같은 시선을 받으며 놈은 호시탐탐 설욕의 기회를 엿보고 있다.

192 〉〉〉〉 혼연일체　　　　　　　　　　　　　　　[渾然一体] ごんぜんいったい ☐☐☐☐

[意味]
- 🇯🇵 別々にあった物が熔け一つに纏まるさま
- 🇰🇷 생각, 행동, 의지 등이 완전히 하나가 됨

[用法] 渾然一体는 '渾然一体となる(혼연일체가 되다)'처럼 명사나 형용동사(~と, たる)로 사용된다.

[例]

❶ すべてが渾然一体となり、騒然とした戦場のありさまが伝わってくる。
모든 것이 혼연일체가 되어 어수선한 전장의 모습이 전해져 온다.

❷ 力と美と気品がこれほどまでに渾然一体となったものは見たことがない。
힘과 미와 기품이 이렇게까지 혼연일체 된 것은 본 적이 없다.

❸ このグループには、プロパガンダと娯楽が極めて巧妙に渾然一体となった作品がある。
이 그룹에는 프로파간다와 오락이 지극히 교묘하게 혼연일체 된 작품이 있다.

193 화기애애 [和気藹々]

意味
- 🇯🇵 和やかに打ち解けた気分が満ちているさま
- 🇰🇷 온화하고 화목한 분위기가 넘쳐흐름

用法 和気藹々는 '和気藹々の雰囲気(화기애애한 분위기)', '和気藹々とする(화기애애하다)', '和気藹々と話し合う(화기애애하게 대화하다)'처럼 명사나 형용동사(〜と, たる)로 사용된다.

例

❶ やがてワインも回ってきて和気藹々とした雰囲気が徐々に芽生える。
이윽고 와인의 취기도 돌기 시작하고 화기애애한 분위기가 서서히 싹튼다.

❷ 彼の部下たちとは反目し合いながらも和気藹々とやっているようだった。
그의 부하들과는 반목하면서도 화기애애하게 지내고 있는 듯했다.

❸ 和気藹々の雰囲気で始まった夕食会だったが、宴の終わりになって波瀾が起きた。
화기애애한 분위기에서 시작된 만찬회였는데, 연회가 끝날 무렵 파란이 일었다.

194 >>> 화룡점정 [画竜点睛] がりゅうてんせい

[意味]
🇯🇵 物事を立派に完成させる最後の仕上げや物事の全体を引き立たせる最も肝心なところ

🇰🇷 사물을 최고의 것으로 완성시키는 마지막 마무리나 사물의 전체를 돋보이게 하는 가장 중요한 것

[用法] 画竜点睛은 '画竜点睛を施す(화룡점정을 찍다)'처럼 명사로 사용된다.

[例]

❶ 一方では「はじめが肝心」とも言うが、画竜点睛を欠いては何にもならない。
한편으로는 시작이 중요하다고도 하지만, 화룡점정을 결해서는 아무것도 안 된다.

❷ このことから画竜点睛は最後の仕上げの重要さ、あるいはそれに値する物事を指す。
이일로부터 화룡점정은 최후 마무리의 중요함 혹은 그에 해당하는 사물을 가리킨다.

❸ こういう身なりに画竜点睛を施していたのは、彼の首をくるんでいた赤いハンカチである。
이런 몸차림에 화룡점정을 찍고 있던 것은 그의 목을 두르고 있던 빨간 손수건이다.

195 〉〉〉 환골탈태 [換骨奪胎]

[意味]

㊣ 先人の詩文の作意や形式を生かしながら新しい工夫を加えて独自の作品にすること

㈔ 선인의 시문 의미나 형식을 살리면서 새로운 생각을 덧붙여 독자적인 작품으로 만듦

[用法] 換骨奪胎는 '換骨奪胎を図る(환골탈태를 꾀하다)', '換骨奪胎する(환골탈태하다)' 처럼 명사나 동사(～する)로 사용된다.

[例]

❶ こういう詩集などの表現法を換骨奪胎することは必ずしも稀ではなかったらしい。
이런 시집 등의 표현법을 환골탈태하는 것은 반드시 드문 것만은 아닌듯 했다.

❷ こちらでは護送囚が男性であったが、本作では女性として換骨奪胎を図っている。
이쪽에서는 호송 수가 남성이었지만, 본작에서는 여성으로서 환골탈태를 꾀하고 있다.

❸ これは翻訳文学及び西洋文学の換骨奪胎作品が主流であった当時においては画期的であった。
이것은 번역문학 및 서양문학의 환골탈태 작품이 주류였던 당시에서는 획기적이었다.

196 〉〉〉 황당무계　　　[荒唐無稽(こうとう むけい)] ☐☐☐☐

意味
- 🇯🇵 言動(げんどう)がでたらめで全(まった)く現実味(げんじつみ)がないこと
- 🇰🇷 언동이 엉터리이고 전혀 현실감이 없음

用法 荒唐無稽(こうとうむけい)는 '荒唐無稽だ(황당무계하다)', '荒唐無稽な話(황당무계한 이야기)'처럼 명사나 형용동사로 사용된다. 한국어에서는 '황당하다'라는 표현을 많이 사용하지만 일본어에서는 사용례를 보기 힘들다.

例

❶ 一見(いっけん)して荒唐無稽(こうとうむけい)に見(み)える世界(せかい)であっても、現実(げんじつ)よりはずっと筋(すじ)が通(とお)っていた。
얼핏 황당무계해 보이는 세계여도 현실보다는 훨씬 이치에 맞고 있었다.

❷ そのため、人々(ひとびと)から奇異(きい)の目(め)で見(み)られ、多(おお)くの荒唐無稽(こうとうむけい)な伝説(でんせつ)が生(う)まれた。
그 때문에 사람들이 기이한 눈으로 쳐다봐, 많은 황당무계한 전설들이 생겨났다.

❸ 一時(いちじ)はこれは荒唐無稽(こうとうむけい)な説(せつ)と考(かんが)えられたが、現在(げんざい)ではほぼ定説(ていせつ)の位置(いち)にある。
한때 이것은 황당무계한 설로 여겨졌지만, 현재는 거의 정설의 위치에 있다.

197 >>> 후안무치 [厚顔無恥]

意味
- 🇯🇵 面の皮が厚く恥を知らないこと
- 🇰🇷 얼굴 가죽이 두꺼워 수치를 모름

用法 厚顔無恥는 '厚顔無恥の人間(후안무치의 인간)', '厚顔無恥な態度(후안무치의 태도)'처럼 명사나 형용동사로 사용된다.

例

❶ どんな説明もばかげたもの、厚顔無恥なものになると彼は感じた。
어떤 설명도 터무니없는 것, 후안무치의 것이 되리라 그는 느꼈다.

❷ 自分の厚顔無恥をどこかで悟りながら、それでも夢中で生きている。
자신의 후안무치를 어딘가에서 깨달으면서 그래도 열심히 살고 있다.

❸ 傍若無人、厚顔無恥の弾正ではあるが、このときは実際に時のたつのを忘れた。
방약무인, 후안무치의 사헌부 관리이기는 하지만, 그때는 실제로 시간 가는 것을 잊었다.

198 〉〉〉〉 흥미진진　　　　　[興味津々] きょう み しんしん

意味　🇯 興味が尽きないさま

　　　🇰 흥미가 넘쳐흐를 정도로 많음

用法　興味津々은 '興味津々たる/とした話(흥미진진한 이야기)'처럼 형용동사(たる, とする)로 사용된다.

例

❶ 興味津々できょろきょろしていると、王子に指で頭を押えつけられた。
　흥미진진하여 두리번거리고 있자, 왕자가 손으로 머리를 꽉 눌렀다.

❷ 同じ階の泊まり客はみんな興味津々でドアから顔を出して様子を窺っている。
　같은 층 투숙객은 모두 흥미진진하여 문에서 얼굴을 내밀고 모습을 엿보고 있다.

❸ 錬金術の歴史を記した本を読むと、いろいろな意味で興味津々たるものがある。
　연금술의 역사를 기록한 책을 보면 여러 의미에서 흥미진진한 것이 있다.

199 >>> 희로애락 [喜怒哀楽]

意味
- 🇯🇵 人間の喜びと怒りと悲しみと楽しみのような様々な感情
- 🇰🇷 인간의 기쁨, 노여움, 슬픔, 즐거움 등의 감정

用法 喜怒哀楽는 '喜怒哀楽の感情(희로애락의 감정)'처럼 명사로 사용된다.

例

❶ 喜怒哀楽をめったなことで顔に出しているようでは、メイドは務まらない。
희로애락을 어지간한 일로 얼굴에 나타내고 있어서는 메이드 일은 못한다.

❷ 多くの男性は自分の喜怒哀楽の感情を基に行動することを危険視している。
많은 남성은 자신의 희로애락의 감정을 토대로 행동하는 것을 위험시하고 있다.

❸ 彼女は実際に仕事では淡々としていて喜怒哀楽を表に出す方ではないと思う。
그녀는 실제로 일에서는 담담하여 희로애락을 겉으로 드러내는 편이 아니라고 생각한다.

200 >>> 희색만면 [喜色満面(きしょくまんめん)]

意味
- 🇯 嬉(うれ)しそうな表情(ひょうじょう)が顔(かお)に溢(あふ)れること
- 🇰 기쁜 빛이 얼굴에 가득함

用法 喜色満面(きしょくまんめん)은 '喜色満面(きしょくまんめん)だ(희색만면하다)'처럼 명사로 사용된다. 한국어에서는 '희색만면하여, 희색이 만면하다'처럼 사용한다.

例

❶ 緊張感(きんちょうかん)のない喜色満面(きしょくまんめん)感情全開(かんじょうぜんかい)の脳天気(のうてんき)な声(こえ)が僕(ぼく)の後(うし)ろで弾(はじ)けた。
긴장감 없는 희색만면 감정 전개의 경박한 목소리가 내 뒤에서 터져 나왔다.

❷ 行(い)ってみると、爺(じい)さんは喜色満面(きしょくまんめん)に浮(う)かべて得意(とくい)そうに床(ゆか)の上(うえ)に座(すわ)っている。
가보니 할아버지는 만면에 희색을 띠고 득의양양한 듯이 마루 위에 앉아 있다.

❸ 試合(しあい)が終(おわ)った時(とき)、会長(かいちょう)とトレーナーはまったくダメージのない私(わたし)の顔(かお)を見(み)て喜色満面(きしょくまんめん)だった。
경기가 끝났을 때 회장과 트레이너는 전혀 손상이 없는 내 얼굴을 보고 희색만면했다.

색 인

あ

曖昧模糊	애매모호	97
悪戦苦闘	악전고투	95
阿鼻叫喚	아비규환	93
暗中模索	암중모색	96
意気消沈	의기소침	122
意気投合	의기투합	124
意気揚々	의기양양	123
以心伝心	이심전심	126
一言半句	일언반구	141
一日千秋	일일천추	142
一罰百戒	일벌백계	138
一網打尽	일망타진	136
一目瞭然	일목요연	137
一攫千金	일확천금	147
一挙両得	일거양득	135
一触即発	일촉즉발	146
一進一退	일진일퇴	145
一心同体	일심동체	140
一斉射撃	일제사격	144
一石二鳥	일석이조	139
一長一短	일장일단	143
意味深長	의미심장	125
因果応報	인과응보	131
隠忍自重	은인자중	121
右往左往	우왕좌왕	110
有耶無耶	유야무야	117
榮枯盛衰	영고성쇠	103
遠交近攻	원교근공	113
掩護射撃	엄호사격	101
温故知新	온고지신	106

か

臥薪嘗胆	와신상담	107
合従連衡	합종연횡	197
我田引水	아전인수	94
画竜点睛	화룡점정	202
換骨奪胎	환골탈태	203
勧善懲悪	권선징악	23
危機一髪	위기일발	114
起死回生	기사회생	26
喜色満面	희색만면	208
奇想天外	기상천외	27
吉凶禍福	길흉화복	28
喜怒哀楽	희로애락	207
共存共栄	공존공영	18
驚天動地	경천동지	13
強迫観念	강박관념	10
興味津々	흥미진진	206
旭日昇天	욱일승천	112
虚心坦懐	허심탄회	198
金科玉条	금과옥조	25

空理空論	공리공론	16		四捨五入	사사오입	69
群雄割拠	군웅할거	21		自縄自縛	자승자박	153
牽強付会	견강부회	12		自然淘汰	자연도태	155
乾坤一擲	건곤일척	11		七転八起	칠전팔기	189
捲土重来	권토중래	24		十中八九	십중팔구	92
権謀術数	권모술수	22		四分五裂	사분오열	68
厚顔無恥	후안무치	205		自暴自棄	자포자기	158
巧言令色	교언영색	20		四方八方	사방팔방	67
荒唐無稽	황당무계	204		四面楚歌	사면초가	66
公平無私	공평무사	19		弱肉強食	약육강식	98
公明正大	공명정대	17		縦横無尽	종횡무진	176
甲論乙駁	갑론을박	9		自由自在	자유자재	157
孤軍奮闘	고군분투	14		十字砲火	십자포화	91
虎視眈々	호시탐탐	199		自由奔放	자유분방	156
五臓六腑	오장육부	105		主客転倒	주객전도	178
孤立無援	고립무원	15		取捨選択	취사선택	188
五里霧中	오리무중	104		首尾一貫	수미일관	82
言語道断	언어도단	100		小康状態	소강상태	80
渾然一体	혼연일체	200		生者必滅	생자필멸	76
				生老病死	생로병사	75
さ				諸行無常	제행무상	173
最後通牒	최후통첩	187		私利私欲	사리사욕	65
再三再四	재삼재사	160		支離滅裂	지리멸렬	179
左顧右眄	좌고우면	177		思慮分別	사려분별	64
三々五々	삼삼오오	72		人海戦術	인해전술	134
三位一体	삼위일체	73		心機一転	심기일전	89
自画自賛	자화자찬	159		深山幽谷	심산유곡	90
自給自足	자급자족	151		紳士協定	신사협정	86
自業自得	자업자득	154		人事不省	인사불성	133
自己満足	자기만족	152		神出鬼没	신출귀몰	88
時々刻々	시시각각	83		信賞必罰	신상필벌	87
事実無根	사실무근	70		針小棒大	침소봉대	190

身辺雑記 (しんぺんざっき)	신변잡기	85
人面獣心 (じんめんじゅうしん)	인면수심	132
森羅万象 (しんらばんしょう)	삼라만상	71
聖人君子 (せいじんくんし)	성인군자	79
誠心誠意 (せいしんせいい)	성심성의	78
正々堂々 (せいせいどうどう)	정정당당	172
清廉潔白 (せいれんけっぱく)	청렴결백	186
是々非々 (ぜぜひひ)	시시비비	84
切磋琢磨 (せっさたくま)	절차탁마	170
絶体絶命 (ぜったいぜつめい)	절체절명	171
千軍万馬 (せんぐんばんば)	천군만마	181
千載一隅 (せんざいいちぐう)	천재일우	182
千差万別 (せんさばんべつ)	천차만별	184
前人未到 (ぜんじんみとう)	전인미답	167
戦々恐々 (せんせんきょうきょう)	전전긍긍	168
宣戦布告 (せんせんふこく)	선전포고	77
前代未聞 (ぜんだいみもん)	전대미문	164
全知全能 (ぜんちぜんのう)	전지전능	169
前途有望 (ぜんとゆうぼう)	전도유망	166
前途洋々 (ぜんとようよう)	전도양양	165
千篇一律 (せんぺんいちりつ)	천편일률	185
相互扶助 (そうごふじょ)	상호부조	74
速戦即決 (そくせんそっけつ)	속전속결	81

た

大器晩成 (たいきばんせい)	대기만성	32
泰然自若 (たいぜんじじゃく)	태연자약	196
大同小異 (だいどうしょうい)	대동소이	34
大同団結 (だいどうだんけつ)	대동단결	33
多事多難 (たじたなん)	다사다난	30
単刀直入 (たんとうちょくにゅう)	단도직입	31
朝三暮四 (ちょうさんぼし)	조삼모사	175
朝令暮改 (ちょうれいぼかい)	조령모개	174
懲戒免職 (ちょうかいめんしょく)	징계면직	180
適材適所 (てきざいてきしょ)	적재적소	162
適者生存 (てきしゃせいぞん)	적자생존	161
電光石火 (でんこうせっか)	전광석화	163
天地神明 (てんちしんめい)	천지신명	183
同床異夢 (どうしょういむ)	동상이몽	36
東奔西走 (とうほんせいそう)	동분서주	35

な

難攻不落 (なんこうふらく)	난공불락	29
二重人格 (にじゅうじんかく)	이중인격	129
二人三脚 (ににんさんきゃく)	이인삼각	128
二律背反 (にりつはいはん)	이율배반	127
任意同行 (にんいどうこう)	임의동행	149

は

馬耳東風 (ばじとうふう)	마이동풍	37
波乱万丈 (はらんばんじょう)	파란만장	191
半信半疑 (はんしんはんぎ)	반신반의	49
被害妄想 (ひがいもうそう)	피해망상	195
美辞麗句 (びじれいく)	미사여구	48
悲憤慷慨 (ひふんこうがい)	비분강개	63
誹謗中傷 (ひぼうちゅうしょう)	비방중상	62
百発百中 (ひゃっぱつひゃくちゅう)	백발백중	51
品行方正 (ひんこうほうせい)	품행방정	194
不可抗力 (ふかこうりょく)	불가항력	56
不倶戴天 (ふぐたいてん)	불구대천	57
富国強兵 (ふこくきょうへい)	부국강병	53
物心両面 (ぶっしんりょうめん)	물심양면	47
物々交換 (ぶつぶつこうかん)	물물교환	46
不撓不屈 (ふとうふくつ)	불요불굴	59

不偏不党	불편부당	61
不要不急	불요불급	60
武陵桃源	무릉도원	42
不老長生	불로장생	58
不和雷同	부화뇌동	54
粉骨砕身	분골쇄신	55
平穏無事	평온무사	192
傍若無人	방약무인	50
茫然自失	망연자실	39
抱腹絶倒	포복절도	193
本末転倒	본말전도	52

ま

満身創痍	만신창이	38
無為徒食	무위도식	44
無知蒙昧	무지몽매	45
無味乾燥	무미건조	43
明鏡止水	명경지수	41
孟母三遷	맹모삼천	40

や

唯一無二	유일무이	120
唯我独尊	유아독존	116
優柔不断	우유부단	111
有名無実	유명무실	115
悠々自適	유유자적	119
用意周到	용의주도	109
羊頭狗肉	양두구육	99

ら

離合集散	이합집산	130
立身出世	입신출세	150
流言飛語	유언비어	118
竜頭蛇尾	용두사미	108
臨機応変	임기응변	148
連戦連勝	연전연승	102

わ

和気藹々	화기애애	201

저 자 약 력

모 세 종(인하대교수)

▌학력
- 한국외국어대학
- 日)筑波大学(언어학박사 – 일본어학전공)

▌저서
- 『日本語の時の表現の研究』 J&C, 2017
- 『바른 한국어 사용과 습득을 위하여』 J&C, 2019
- 『모세종의 오피니언』 J&C, 2020

[역서]
- 『아스나로 이야기』(井上靖, 新潮文庫, 1958) 어문학사, 2007
- 『일본력』(伊藤洋一, 講談社, 2005) 어문학사, 2008
- 『여학생』(赤川次郎, 新潮社, 1995) 어문학사, 2008 (2인공저)
- 『미녀』(連城三紀彦, 集英社, 1997) 어문학사, 2011 (2인공저)
- 『야회』(赤川次郎, 德間文庫, 1999) 어문학사, 2011 (2인공저)

[학습서]
- 『朝日 신문사설 일본어』 시사일본어사, 1999
- 『朝日 신문사설 일본어-독해청해』 시사일본어사, 2002
- 『일본어 문형포인트 120』 동양문고, 2008
- 『예문중심 실용 일본어 문법』 어문학사, 2011
- 『High Level 일본어 동사 200【복합어편】』 J&C, 2022
- 『High Level 일본어 동사 300【단일어편 상】』 J&C, 2023
- 『High Level 일본어 동사 200【단일어편 하】』 J&C, 2024

This book was supported by INHA UNIVERSITY Research Grant.

High Level 일본어 한자 200 【同形同義 四字漢字】

초 판 인 쇄	2025년 07월 28일
초 판 발 행	2025년 08월 01일
저　　　자	모세종
발　행　인	윤석현
발　행　처	제이앤씨
책 임 편 집	최인노
등 록 번 호	제7-220호
우 편 주 소	서울시 도봉구 우이천로 353 성주빌딩
대 표 전 화	02) 992 / 3253
전　　　송	02) 991 / 1285
홈 페 이 지	http://jncbms.co.kr
전 자 우 편	jncbook@hanmail.net

ⓒ 모세종 2025 Printed in KOREA.

ISBN 979-11-5917-261-8 13730　　　　　　　　　　　정가 16,000원

* 이 책의 내용을 사전 허가 없이 전재하거나 복제할 경우 법적인 제재를 받게 됨을 알려드립니다.
** 잘못된 책은 구입하신 서점이나 본사에서 교환해 드립니다.